신명기

DEUTERONOMY

**말씀과 생활
강해 성경공부**

원달준 지음

THE WORD & LIFE SERIES:
DEUTERONOMY

THE WORD & LIFE SERIES: DEUTERONOMY, An official resource for The United Methodist Church prepared by the General Board of Discipleship through Teaching and Study Resources and published by Cokesbury, 201 Eighth Avenue South, P. O. Box 801, Nashville, Tennessee 37202-0801. Printed in the United States of America. Copyright © 2014 by Cokesbury. All rights reserved.

To order copies of this publication, call toll free: 866-629-3101. You may FAX your order to 800-445-8189. Telecommunication Device for the Deaf/Telex Telephone 800-227-4091. Use your Cokesbury account, American Express, Visa, Discover, or MasterCard.

For permission to reproduce any material in this publication, call 615-749-6421, or write to Permissions Office, 201 Eighth Avenue South, P. O. Box 801, Nashville, Tennessee 37202-0801.

ISBN 9781426784934

Scripture quotations in this publication, unless otherwise indicated, are taken from THE HOLY BIBLE, Old and New Testaments, New Korean Revised Version © Korean Bible Society 1998 and 2000. Used by permission of Korean Bible Society.

Writer: Dal Joon Won

Neil M. Alexander, Publisher
Marjorie M. Pon, Editor of Church School Publications
Eunran Um, Production Editor

Cover design by Rick Schroeppel
Cover art: Copyright © 2012 Istockphoto

신명기

목차

말씀과 생활 강해 성경공부 … 5
신명기 서론 … 7
I부: 1:1-11:32 정체성을 세워주는 과거 역사
  1:1-4:43 모세의 첫 번째 설교
    1:1-5 서론 … 9
    1:6-18 약속의 땅을 차지하라 … 12
    1:19-46 정탐꾼을 보내다 … 14
    2:1-25 에돔과 모압을 통과하다 … 16
    2:26-3:22 헤스본 왕 시혼과 바산 왕 옥을 치라 … 18
    3:23-29 모세가 약속에 땅에 들어가지 못하는 이유 … 20
    4:1-40 지켜야 할 하나님의 규례와 법도들 … 21
    4:41-43 요단 동쪽의 도피성 … 26
  4:44-11:32 모세의 두 번째 설교
    4:44-49 언약의 서문 … 27
    5:1-21 십계명 … 28
    5:22-33 언약에 따라 생각하고 판단하고 행동하라 … 32
    6:1-9 첫째 계명과 관련된 규례와 법도 … 33
    6:10-25 하나님께 감사하라 … 35
    7:1-26 십계명을 지키라 … 37
    8:1-10 이스라엘이 차지할 아름다운 땅 … 41
    8:11-20 여호와를 잊지 말라 … 42
    9:1-5 이스라엘과 함께하시는 하나님 … 44
    9:6-29 하나님께 반항하는 모습들 … 45
    10:1-11 하나님의 신실하심을 기억하라 … 47
    10:12-22 마음에 새기라 … 48
    11:1-7 여호와께서 행하신 큰 일 … 50
    11:8-26 주리라고 맹세하신 땅 … 51
    11:27-32 축복과 저주 … 53
II부: 12:1-16:17 모세의 세 번째 설교 (판례법)
  12:1-14 택한 처소에서 하나님만 예배하라 … 54
  12:15-28 신성한 가축의 피 … 57
  12:29-32 다른 신들을 섬기지 말라 … 58
  13:1-18 거짓 선지자 … 59
  14:1-21 셋째 계명과 관련된 규례와 법도 … 61

14:22-29 넷째 계명과 관련된 규례와 법도 … 63
   15:1-11 빚을 면제해 주는 해 … 64
   15:12-18 종을 대우하는 규례 … 65
   15:19-23 처음 난 소와 양의 새끼 … 65
   16:1-17 넷째 계명과 관련된 규례와 법도 … 66
III부: 16:18-26:19 모세의 네 번째 설교
   16:18-22 다섯째 계명과 관련된 규례와 법도 … 70
   17:1-13 무엇이 잘못된 예배인가? … 71
   17:14-20 이스라엘의 왕 … 72
   18:1-8 제사장과 레위 사람의 몫 … 74
   18:9-22 하나님의 뜻을 헤아리는 선지자 … 75
   19:1-13 여섯째 계명과 관련된 규례와 법도 … 77
   19:14-21 아홉째 계명과 관련된 규례와 법도 … 79
   20:1-20 여섯째 계명과 관련된 규례와 법도 … 80
   21:1-22:12 죽음과 관련된 기타 규례와 법도 … 82
   22:13-23:18 일곱째 계명과 관련된 규례와 법도 … 84
   23:19-24:7 여덟째 계명과 관련된 규례와 법도 … 86
   24:8-22 아홉째 계명과 관련된 규례와 법도 … 89
   25:1-4 재판 … 91
   25:5-26:15 열째 계명과 관련된 규례와 법도 … 92
   26:16-28:68 하나님의 보배로운 백성이 할 일
      26:16-19 하나님의 보배로운 백성 … 95
      27:1-20 에발 산과 그리심 산에서의 제사 … 96
      27:11-26 에발 산에서 선포한 저주 … 97
      28:1-68 축복과 저주 … 98
IV부: 29:1-32:52 회개와 회복
   29:1-29 모압 땅에서 세우신 언약 … 103
   30:1-10 복 받는 길 … 106
   30:11-20 선택하라 … 107
   31:1-8 여호수아가 모세의 뒤를 잇다 … 110
   31:9-13 일곱 해마다 율법을 낭독하여 주라 … 111
   31:14-29 여호수아에게 위임하다 … 112
   31:30-32:47 모세의 노래 … 113
   32:48-52 모세가 느보 산으로 올라가다 … 115
   33:1-34:12 이스라엘 백성이 할 일
      33:1-29 모세의 축복 … 116
      34:1-12 모세의 승리와 죽음 … 118

저자 소개 … 120

말씀과 생활 강해 성경공부

우리는 성경을 읽고 공부하면서 하나님의 뜻을 알 수 있고, 하나님을 만날 수 있고, 하나님의 음성을 들을 수 있고, 우리의 신앙생활을 위하여 안내를 받을 수 있다. 성경은 다양한 방법으로 공부할 수 있고 또한 지금까지 성경공부를 위한 수없이 많고 다양한 자료가 출판되었다. 모두가 신앙생활을 하는 데 도움이 되는 책들이다.

그러한 의미에서 이 성경공부 교재에 대한 심각한 질문이 제기될 것이다. 지금까지 출판된 많은 성경공부 자료들과 무엇이 다르다는 말인가?

이 **말씀과 생활** 강해 성경공부는 성경 말씀 속으로 좀 더 깊이 들어갈 수 있도록 안내해 주는 데 목적이 있을 뿐만 아니라, 주어진 말씀을 조용하게 묵상해 보고 우리의 생활 속에서 적용할 수 있도록 안내해 주는 데 그 목적이 있다. 이 성경공부 교재를 사용하는 사람은 다음과 같은 혜택을 기대할 수 있을 것이다.

- 개인의 묵상 시간을 위하여 사용할 수 있다.
- 성경 말씀 속에서 자신의 모습을 볼 수 있도록 한다.
- 성경 말씀에 대한 정보뿐만 아니라 성경이 인도하려는 데 초점을 맞춘다.
- 개인의 생각을 성경에서 입증하려고 하기보다는 오히려 성경 속에서 하나님의 음성을 듣는 데 초점을 맞춘다.
- 본문에 비추어 나의 삶이 어떻게 변화되어야 하는가를 자신에게 묻는다.
- 삶이 변화되기 위하여 내가 무엇을 하나님께 구하고 또 내 스스로 무엇을 내려놓아야 하는가를 항상 묻고 답을 찾도록 한다.
- 어떻게 하면 주님께 헌신하는 삶을 살 수 있을까를 자신에게 묻고 답을 찾는다.

- 예수님을 믿는 것과 예수님의 삶을 사는 것의 간격을 줄이려면 어떻게 해야 하는가를 생각하며 산다.
- 믿음생활을 방해하는 것들을 어떻게 제거할 수 있는지 길을 찾는다.
- 그리스도께 헌신하는 삶을 살려면 무엇을 어떻게 해야 할까를 자신에게 묻고 답을 찾는다.
- 우리 교회는 변화를 위해 무엇을 어떻게 해야 할까를 생각하고 기도한다.
- 성경 66권 전체를 책별로 다루기 때문에 주어진 한 책을 가지고 시간에 제한 없이 묵상하거나 공부할 수 있다.
- 성경 번역본은 개역개정 외 새번역, 공동번역, Common English Bible (CEB), New Revised Standard Version (NRSV)을 참조한다.
- 소그룹 셋팅에서 사용할 수 있다.

이 교재는 한 자리에서 한 장씩 공부하도록 고안된 것이 아니다. 성경책 순서대로 내용을 다루기 때문에 시간이 허용되는 대로 한 단락, 혹은 한 이야기, 혹은 한 장씩 공부하거나 공부하고 싶은 본문을 찾아 묵상하면 된다.

신명기 서론

신명기는 모세오경 가운데 다섯 번째 책이다. 신명기는 이스라엘 백성이 40년 동안 광야생활을 하다가 호렙 산 주변에서 생활한 내용과 호렙 산을 출발하여 모압 평지까지 와서 약속의 땅으로 들어가기 직전에 가나안에 들어가 지켜야 할 규례와 법도에 대한 가르침들을 다루는 책이다. 신명기는 이스라엘 백성에게 언약(율법)을 다시 상기시켜 주고, 언약과 관련된 과거를 현재의 입장에서 재해석해 줄 뿐만 아니라 재확인하여 주면서 적극적으로 지키도록 가르치는 책이다. 그리고 신명기는 모세가 느보 산에서 약속의 땅을 내려다 보면서 120세에 죽는 장면으로 끝난다.

"신명기"라는 책명은 헬라어 성경 70인역본 번역자들이 신명기 17:18을 히브리어에서 헬라어로 번역하는 과정에서 붙인 이름인데, "율법서의 등사본" 혹은 "두 번째 율법"이라는 뜻이다. 히브리어 책명은 "선포한 말씀이다" 혹은 "이것들은 그 말씀들이다"로 되어 있다.

많은 구약성경의 책들이 신명기에 언급된 하나님의 말씀을 바탕으로 하여 쓰인 책들이다. 신약성경 저자들도 직접 간접으로 신명기를 200번 이상 인용할 정도로 성경 전체에 막대한 영향을 끼친 책이다. 특히 신명기는 구약성경의 역사서와 예언서에 막대한 영향을 끼친 책이다. 신명기는 과거에 하나님께서 선조들에게 명하신 말씀을 훈계삼아 현재를 어떻게 살아야 하며, 말씀과 규례와 법도에 따라 미래를 준비할 수 있도록 안내하여 주는 책이기 때문이다.

신명기 저자: 18세기까지만 하더라도 저자가 모세라는 것에 변함이 없었으나 19세기부터 자료설이 소개된 이후 저자가 편집인이라고 주장하는 사람들도 많이 있다.

신명기 저작 연대: 주전 1260년 또는 진보신학은 주전 639년으로 생각한다.

신명기를 쓴 목적

• 이스라엘 백성이 지켜야 할 하나님의 말씀(십계명)과 규례와 법도를 분명하게 설명하며, 그들의 삶을 통해 규례와 법도가 잘 지켜지기를 원해서 썼다 (신 32:46).

• "너는 마음을 다하고 뜻을 다하고 힘을 다하여 네 하나님 여호와를 사랑하라"(신 6:5)는 명령을 강조하기 원해서 썼다.

• 하나님 여호와께 전적으로 순종하는 길만이 생명과 축복의 길이요 행복한 삶의 길임을 강조하기 위하여 썼다.

모세의 설교

신명기에는 모세가 선포한 네 편의 설교가 있다.

첫 번째 설교인 1-4장에서는 이스라엘 백성의 정체를 재확인한 후 하나님 때문에 성민이 되었기에 하나님의 규례와 법도에 순종하라고 선포한다. 그리고 가나안 땅에 들어가기 위한 영적 무장을 강조한다.

두 번째 설교인 5:1-11:32에서는 이스라엘 백성과 하나님과 특별하게 세워진 언약관계를 소개한 후, 그 언약의 내용인 십계명을 공동체를 위한 기본 계명으로 선포한다. 하나님을 사랑하는 일, 계명을 배우는 일, 후손에게 가르치는 일을 강조한다.

세 번째 설교인 12:1-16:17에서는 십계명을 생활에 적용하여 그 계명과 함께 사는 길을 전개한다.

네 번째 설교인 16:18-26:19에서는 계명을 배우는 일, 계명을 후손에게 가르치는 일, 제사와 관련된 율법, 일상생활과 관련된 규례와 법도, 순종과 불순종의 차이를 강조한다. 셋째와 넷째 설교를 하나로 생각하는 이들도 많이 있다.

그리고 27-32장은 축복과 저주를 다루면서 둘 중에 하나를 택하라고 한다. 33-34장은 모세가 죽은 이후 이스라엘 백성이 행할 일과 모세의 축복을 다룬다.

I 부

신명기 1:1-11:32
정체성을 세워 주는 과거 역사

신명기 1:1-4:43
모세의 첫 번째 설교

━━▶ 주요 메시지

1-4장은 이스라엘이 호렙 산(시내 산)에서 계명을 받은 것으로부터 요단 강을 건너가기 직전까지의 내용을 다루고 있는데, 이스라엘의 정체성을 알려 주기 위하여 과거에 이스라엘이 하나님께 순종하였을 때에는 비교적 잘 살다가 불순종했을 때에는 비참해지는 내용을 전해 준다.

신명기 1:1-5
서론

━━▶ 말씀 속으로 ◀━━

1:1 이는 모세가 요단 저쪽 숩 맞은편의 아라바 광야 곧 바란과 도벨과 라반과 하세롯과 디사합 사이에서 이스라엘 무리에게 선포한 말씀이니라 2 호렙 산에서 세일 산을 지나 가데스 바네아까지 열 하룻길이었더라 3 마흔째 해 열한째 달 그 달 첫째 날에 모세가 이스라엘 자손에게 여호와께서 그들을 위하여 자기에게 주신 명령을 다 알렸으나 4 그 때는 모세가 헤스본에 거주하는 아모리 왕 시혼을 쳐죽이고 에드레이에서 아스다롯에 거주하는 바산 왕 옥을 쳐죽인 후라 5 모세가 요단 저쪽 모압 땅에서 이 율법을 설명하기 시작하였더라 일렀으되.

1:1. 1절은 모세와 이스라엘 백성이 약속의 땅으로 들어가기 직전의 사회 정황과 지리적인 위치와 역사적인 배경을

말해 준다. 이것은 호렙 산에서부터 벳브올 맞은편 골짜기 지점까지의 여정을 말하는 것이지만, 이스라엘 백성이 요단 동쪽 언덕에 서서 약속의 땅을 바라보고 있는 광경이다.

"숩"은 홍해이다. 얌 숩(홍해)의 준말이다.

"아라바 광야"는 갈릴리와 사해 사이에 있는 광야이다.

"바란"은 시내 광야 북쪽에 있고 유다 광야 남쪽에 있는 넓은 사막 지대이다.

"하세롯"은 이스라엘 백성이 기브롯핫다아와 다음에 진을 친 곳이다 (민 33:17). 이 곳에서 미리암과 아론이 모세를 비방한 사건이 일어났다 (민 12:1, 16).

"디사합"은 아라바 동쪽이었다는 것만 알고 정확한 것에 대하여는 알 수 없다.

"이스라엘 무리에게"는 이스라엘 백성이 지파에 따라 분리되어 있음에도 불구하고 단일 공동체를 이루고 있다는 신념을 표현하는 것이다.

"선포한 말씀"은 율법 전체를 뜻한다. 히브리어 성경은 "선포한 말씀"이 신명기의 책명으로 되어 있다.

1:2. "호렙 산"은 "시내 산"과 같은 산이다. 신명기는 아홉 번에 걸쳐 호렙 산을 언급하고, 시내 산은 33:2에 단 한 번 언급한다. 호렙 산은 하나님께서 나타나셔서 약속의 땅을 다시 약속해 주셨을 뿐만 아니라, 그 땅을 차지하라고 말씀해 주셨고, 그 땅에 들어가더라도 하나님께서 세워 주신 언약을 늘 마음에 새기고 살라는 계명을 받은 곳이다.

"가데스 바네아"는 이스라엘 백성이 요단 강을 건너가기 전에 진을 치고 있던 곳이다 (민 13-14장). 이 곳은 정탐꾼을 선정하여 보낸 것과 모세가 지팡이로 반석을 쳐서 물을 낸 곳으로 우리에게 알려져 있다 (민 20:1-13).

"세일 산"은 사해 끝에서부터 시작하여 남쪽 걸프 만까지 우뚝 솟아 있는 산이고, 또한 구약에서 "세일"과 "에돔"은 같은 지역으로 생각한다.

"열 하룻길이었더라." 호렙 산에서 가데스 바네아까지 이스라엘 백성이 하나님께 순종하였으면 열 하룻 길이었지만, 40년이 걸렸음을 상기시켜 주는 표현이다.

1:3. 모세는 "마흔째 해 열한째 달 그 달 첫째 날에" 하나님께서 이스라엘 백성에게 주신 말씀과 모세 자신에게 주신 말씀을 규례와 법도 형식으로 선포한다. 이렇게 규례와 법도를 선포하는 이유는 약속의 땅에 들어가는 새 시대의 백성을 영적으로 무장시켜 주기 위함이다. "마흔째 해"는 애굽에서 해방된 후 마흔째 되는 해를 말하는 것이지만, 하나님께 불순종함으로써 보낸 햇수를 상징하기도 한다. "열한째 달"은 양력으로 1월/2월에 해당한다.

1:4. "아모리 왕 시혼"과 "바산 왕 옥"은 요단 동쪽을 통치하던 왕들이다. 아모리 왕 시혼은 아모리 남부 지역의 왕이었는데 그 왕국의 수도는 헤스본이었다 (민 21:26). 시혼은 헤스본에서 패망당하여 죽는다. 그리고 옥은 아모리 북부 지역에 있던 바산 왕국의 왕이었는데, 바산 왕국의 수도는 에드레이와 아스다롯이었다. 옥은 에드레이에서 패망당하여 죽는다 (민 21:21-35).

모세가 서론 부분에서 이 두 왕에 대하여 언급하는 이유는 하나님께서 이스라엘의 조상들에게 약속하셨던 언약을 성실하게 지키시면서 이스라엘 백성을 손수 약속의 땅으로 인도하고 계시다는 사실을 강조하기 위함이다. 모세는 전쟁에서 이겨 점령한 헤스본과 바산 땅을 르우벤과 갓과 므낫세 반 지파에게 분배해 준다.

1:5. "율법"(토라)은 가르침, 훈시, 설교를 의미하는 단어이지만 하나님의 말씀을 뜻한다. 그러나 신명기는 율법과 십계명을 동일시한다. 모세는 출애굽기, 레위기, 민수기에서 언급되었던 율법들을 종합하여 설명하기 시작한다.

"모압"은 아브라함의 조카 롯이 살던 땅이다. 구약에서 "저쪽"은 서쪽이고 "이쪽"은 동쪽이다.

신명기 1:6-18
약속의 땅을 차지하라

1:6 우리 하나님 여호와께서 호렙 산에서 우리에게 말씀하여 이르시기를 너희가 이 산에 거주한 지 오래니 7 방향을 돌려 행진하여 아모리 족속의 산지로 가고 그 근방 곳곳으로 가고 아라바와 산지와 평지와 네겝과 해변과 가나안 족속의 땅과 레바논과 큰 강 유브라데까지 가라 8 내가 너희의 조상 아브라함과 이삭과 야곱에게 맹세하여 그들과 그들의 후손에게 주리라 한 땅이 너희 앞에 있으니 들어가서 그 땅을 차지할지니라 9 그 때에 내가 너희에게 말하여 이르기를 나는 홀로 너희의 짐을 질 수 없도다 10 너희의 하나님 여호와께서 너희를 번성하게 하셨으므로 너희가 오늘날 하늘의 별 같이 많거니와 11 너희 조상의 하나님 여호와께서 너희를 현재보다 천 배나 많게 하시며 너희에게 허락하신 것과 같이 너희에게 복 주시기를 원하노라 12 그런즉 나 홀로 어찌 능히 너희의 괴로운 일과 너희의 힘겨운 일과 너희의 다투는 일을 담당할 수 있으랴 13 너희의 각 지파에서 지혜와 지식이 있는 인정 받는 자들을 택하라 내가 그들을 세워 너희 수령을 삼으리라 한즉 14 너희가 내게 대답하여 이르기를 당신의 말씀대로 하는 것이 좋다 하기에 15 내가 너희 지파의 수령으로 지혜가 있고 인정 받는 자들을 취하여 너희의 수령을 삼되 곧 각 지파를 따라 천부장과 백부장과 오십부장과 십부장과 조장을 삼고 16 내가 그 때에 너희의 재판장들에게 명하여 이르기를 너희가 너희의 형제 중에서 송사를 들을 때에 쌍방간에 공정히 판결할 것이며 그들 중에 있는 타국인에게도 그리 할 것이라 17 재판은 하나님께 속한 것인즉 너희는 재판할 때에 외모를 보지 말고 귀천을 차별 없이 듣고 사람의 낯을 두려워하지 말 것이며 스스로 결단하기 어려운 일이 있거든 내게로 돌리라 내가 들으리라 하였고 18 내가 너희의 행할 모든 일을 그 때에 너희에게 다 명령하였느니라.

모세는 1장과 3장 사이에서 이스라엘이 약속의 땅에 들어가더라도 꼭 기억해야 할 여섯 가지 역사적인 사건을 언급한다. (1) 하나님께서 자신(모세)을 보조하기 위하여 지도자들과 재판장들을 세우도록 한 사건이다 (1:9-18). (2) 가나안 땅을 탐지하기 위하여 정탐꾼들을 보낸 사건이다 (1:19-46). (3) 이스라엘이 에돔을 통과하는 사건이다 (2:1-8). (4) 이스라엘이 모압을 통과하는 사건이다 (2:9-25). (5) 이스라엘이 시혼을 패배시킨 사건이다 (2:26-37). (6) 이스라엘이 옥을 패배시킨 사건이다 (3:1-22).

1:6-8. "우리 하나님 여호와"라는 표현은 구약에서 신학적으로 매우 의미심장한 표현이다. 여기서 사용된 "하나님"은 하나님의 절대성과 유일신을 강조하는 표현이고, "여호와"는 언약과 구원의 하나님을 강조하는 표현이다 (출 3:14-15). 영어의 많은 번역본은 여호와를 "주"로 표현하여 "The Lord our God"이라고 번역했다.

"아모리 족속"은 함의 아들인 가나안의 후예(창 10:15-16)로서 요단 동쪽과 요단 서쪽까지 분산되어 살던 족속이다.

"아라바"는 요단 계곡 동쪽을 말한다.

"네겝"(남쪽이라는 뜻)은 사해 해변에 접한 가사로부터 남쪽으로 아카바 해안에 있는 삼각지대를 말한다. 신 광야와 브엘세바와 가데스 바네아도 이 지역에 속한다. 들어가서 차지할 약속의 땅은 아브라함과 이삭과 야곱 때부터 약속된 땅이었고, 북쪽 경계선은 "레바논과 큰 강 유브라데"이다.

1:9-18. 모세가 이렇게 과거를 상기시켜 주는 이유는 하나님께서 어떻게 이스라엘 백성을 여기까지 인도해 주셨는지를 상기시켜 주기 위한 것이다.

모세는 혼자서 "하늘의 별 같이 많은" 백성의 짐을 다 질 수 없어서 백성을 공정하게 판결하기 위하여 재판장들과 그들을 돕는 지도자들을 선정한다 (출 18:13-27). 새로운 공동체로서 각 지파 간에 문제가 생길 경우 질서를 위하여 규례와 법도가 필요하고, 잘잘못을 판결하여 줄 재판장들이 필요하다. 그리고 지도자들은 천부장과 백부장과 오십 부장과 십부장과 조장들로 나뉘어져 있다. 이들은 각 지파에서 지혜(하나님을 경외하는 자)와 지식(분별력)이 있고 인정 받는 자들이다. 이들의 과제는 백성들의 "괴로운 일"(problems)과 "힘겨운 일"(burdens)과 "다투는 일"(disputes)을 공정히 해결하여 주는 것이다.

신명기 1:19-46
정탐꾼을 보내다

━━▶ 말씀 속으로 ◀━━

1:19-20. 이스라엘 백성의 원래 계획은 호렙 산에서 아모리 북쪽 산지를 통과하여 행진하는 것이었다. 이 거리는 11일 걸리는 길이었지만 "크고 두려운 광야"를 지나가야 했기 때문에 위험했다. 크고 두려운 광야는 아라비아 서쪽 거친 사막지대를 가리키는데, 그 곳은 물이 없고 불뱀과 전갈이 많고 황폐한 고원지대이다 (8:15). 그래서 이스라엘은 남서쪽에 위치한 가데스 바네아를 통과하여 행진하기로 했다. 그러나 문제는 이 지역에 강대한 아말렉인과 여부스인과 아모리인과 가나안인들이 살고 있었다 (민 13:29).

1:21-33. 정탐꾼 이야기는 이스라엘 백성이 "무서워하지" 말고 "두려워하지" 말고 약속의 땅을 차지하라는 하나님의 명령을 거역하고 적군의 세력을 더 높게 평가하여 "올라가기를 원하지 아니"한 결과로 인하여 그들이 40년 동안 광야생활을 하게 된 이유를 강조하는 것이다.

정탐꾼들은 "에스골 골짜기"(뜻: 포도 성읍)를 제일 먼저 탐지한다. 그 곳은 헤브론 근처에 있고, 땅이 비옥하여 포도밭이 많은 곳이다. 그들은 에스골의 열매를 가지고 와서 "우리 하나님 여호와께서 우리에게 주시는 땅이 좋더라"고 보고한다. 그러나 정탐꾼들은 여기서 끝나지 아니하고 정복하기에 힘든 부정적인 요소들을 보고한다. 아모리 족속은 "장대하며 그 성읍들은 크고 성곽은 하늘에 닿았으며" 그 곳에는 헤브론을 세운 아낙 자손도 있는데, 이들은 몸이 크고 키가 큰 족속이라는 보고이다.

모세는 10명의 정탐꾼의 부정적인 보고를 듣고 두려워하지 말라고 한다. 하나님은 애굽 왕을 물리치신 분이시고, 이스라엘을 광야에서 보호하여 주신 분이시다. 모세는 정복의 실패는 약한 병력과 군사 전략이 아니라 믿음이 없기 때문이라고 말한다. 이스라엘 백성은 가나안 땅으로 들어가기로 주저했기 때문에 결과적으로 20세 이상 하나님을 원망한 자들과 갈렙과 여호수아를 제외한 10명의 정탐꾼은 약속의 땅으로 들어가지 못하게 된다 (민 14:26-38).

1:31. "이 곳까지"는 가데스 바네아까지이다.

1:34-46. 하나님은 이스라엘 백성보다 앞서 가시며 장막 칠 곳을 찾으시고 낮에는 구름으로, 밤에는 불로 갈 곳을 인도하면서 전쟁에서 승리하도록 하셨지만 이스라엘 백성은 하나님의 인도하심을 깨닫지 못했다. 하나님께서 "너희는 방향을 돌려 홍해 길을 따라 광야로 돌아"가라고 노하시는 것으로 보아 이스라엘 백성이 하나님을 믿지 못했다는 사실을 알 수 있다.

모세는 신명기에서 세 번에 걸쳐 "너희 때문에" 혹은 "너희로 말미암아" (1:37; 3:26; 4:21) 나도 가나안 땅에 들어가지 못하고, 20세 미만의 출애굽 2세대만이 들어가게 된다고 말하면서 백성을 이끌고 약속의 땅으로 들어가는 과업을 여호수아에게 위임한다. 가나안 땅에 들어가지 못한다는 말을 들은 백성은 하나님께서 명령하신 대로 자기들은 산지로 올라가서 싸우겠다고 말하나 모세는 하나님 없이는 패배당하게 된다고 경고한다.

그리고 모세가 경고한 대로 아모리 족이 "벌 떼 같이" 들어 덤벼 이스라엘 백성을 패배시킨다. 여기서 아모리 족속은 요단 동쪽에 살던 주민들을 말한다. 패배당한 백성은 가데스 바네아에 돌아와 여호와 앞에서 통곡하나 여호와는 그들에게 귀를 기울이지 아니하신다.

➡ 생활 속으로

☼ 하나님은 나에게 신실하셨지만, 나는 하나님을 배반했다는 생각이 들은 경험이 있는가? 어떠한 것이었는가?

신명기 2:1-25
에돔과 모압을 통과하다

━━▶ 말씀 속으로 ◀━━

2:1-7. 가데스 바네아는 하나님의 인도하심으로써 약속의 땅에 이를 수 있는 전략적인 위치였지만, 이스라엘 백성은 "올라가서 차지하라 두려워하지 말라 주저하지 말라"는 하나님의 명령을 믿을 수 없어 약속의 땅으로 들어가지 못하고 가데스 바네아 주변에서 38년 동안 광야생활을 하다가 20세 이상의 백성이 모두 죽는 비극이 일어난 지역이다.

그러나 하나님은 그의 언약을 지키시며 이스라엘 백성에게 방향을 돌려 북으로 가서 에돔 땅과 모압 땅을 지나 요단 동쪽으로 들어가라고 명하신다 (3-4절). 가데스 바네아에서 호르 산을 거쳐 (민 20:22), 에돔 남단을 돌아 (민 21:4), 아르논 강을 향해 북상하라는 뜻이다 (민 21:10-13). 북쪽으로 가면 세일 산(에돔 지역)을 통과하게 된다.

"세일 산"은 사해 끝으로부터 시작하여 남쪽 걸프 만까지 우뚝 솟아 있는 산이다. 또한 구약에서 "세일" 하면 "에돔"과 같은 뜻이다. 세일에는 야곱의 형인 에서의 자손들이 에돔 왕국을 형성하고 있었다. 하나님은 에돔 사람들과 싸우지도 말고 그들의 땅을 차지하지도 말라고 하신다. 그들에게서 양식을 사서 먹고 돈으로 그들에게서 물을 사서 마시라고 지시하신다. 왜냐하면, 그들은 이스라엘의 친척이었기 때문이다 (민 14:14-21:20).

모세는 하나님의 말씀대로 에돔과 싸우지 아니한다. 모세는 이스라엘 백성을 인도하여 아라바 길로 가는 대신에 에돔 지역을 통과하여 동쪽 사막의 길을 택하여 엘랏과 에시온게벨 곁으로 지나 모압 광야로 지나간다. 엘랏과 에시온게벨은 홍해 북쪽 끝에 위치해 있다 (7-8절).

2:9-25. 하나님은 모세에게 모압 사람들을 괴롭히지 말

라고 하신다. 모압은 요단 동쪽 아르논 강가에 자리 잡고 살았고 이스라엘 백성과 사촌지간이었다. 그들은 아브라함의 조카 롯이 큰 딸을 통해 낳은 후손들이었다 (창 19:37).

"에밈 족속"은 세일 산지에 살던 원주민이다 (창 14:5).

"아낙 족속"은 헤브론 지역과 연관되어 있고 잘 정착된 생활을 하고 있었다 (수 14:13-15).

"르바임 족속"은 창세기 15:20; 여호수아 17:15에 아낙 자손과 관련되어 있지만 그들에 대해 아는 바가 없다.

"호리 사람"은 세일 지역 동굴에 살던 원주민들이다.

2:13-15. 하나님께서 "세렛 시내"(개울)를 건너가라고 말씀하신다. "세렛 시내"는 비가 오면 개울이 되는 와디(wadi)인데, 에돔과 모압의 경계선에 있다.

2:16-19. 하나님은 모세에게 모압 변경 아르를 지나가라고 말씀하시고 암몬 족속과도 싸우지 말고 그들을 괴롭히지 말하고 명하신다. 암몬 족속은 롯이 그의 작은 딸을 통해 낳은 후손이기 때문이다 (창 19:38).

2:20-25. "삼숨밈"은 암몬 족속 전에 암몬에 살던 원주민이다. 삼숨밈은 아낙 족속과 같이 키가 장대하고 몸집이 컸지만 암몬 족속에게 밀려났다. 마찬가지로 "갑돌" 사람들도 "아위" 사람들을 가사에서 밀어내고 자리를 잡게 되었다. "갑돌" 사람들은 지중해의 그레데 사람들이었고, "아위" 사람들은 아낙 사람들과 블레셋 사람들과 같은 주류의 사람들이었다. 그러나 하나님은 아모리 왕 시혼과 바산 왕 옥은 치라고 명하신다.

▶생활 속으로

☆ 이스라엘이 에돔과 모압과의 관계를 평화롭게 해결한 것 같이 한국의 남북관계를 평화롭게 해결하려면 무엇을 어떻게 해야 할까? 내가 살아 있는 동안 남북관계가 평화적으로 해결 나리라고 생각하는가? 왜 그렇게 생각하는가?

신명기 2:26 – 3:22
헤스본 왕 시혼과 바산 왕 옥을 치라

➡️ 말씀 속으로 ⬅️

2:26-37. 모세는 요단 북쪽을 통치하고 있던 시혼 왕에게 그의 사자를 보내어 양식과 물도 사먹겠으니 이스라엘 백성이 아모리 땅을 평화스럽게 지나갈 수 있도록 허락해 달라고 요청한다. 헤스본 왕국과 바산 왕국은 그 당시 요단 동쪽에 잘 정착하고 있던 아모리 족속이었다. 헤스본 왕국은 사해 동북쪽에 위치하고 있던 지역이었다. 시혼 왕이 다스리던 지역은 암몬 족속의 땅 얍복 강 가와 산지에 있는 성읍들이었다 (37절). 그리고 헤스본은 시혼 왕이 다스리는 왕국의 수도였다.

"그데못 광야"는 아르논 강 북쪽 상류에 있는 광야이다.

2:30-31. 그러나 헤스본 왕 시혼은 이스라엘 백성이 그의 영토를 밟고 지나가는 것을 허락하지 아니한다. 그 때 하나님 여호와는 내가 그의 땅을 네게 (모세) 넘기노니 그의 땅을 차지하여 기업으로 삼으라고 말씀하신다. 원래 요단 동쪽은 이스라엘 백성이 땅을 차지할 계획이 전혀 없었다. 그러나 시혼 왕의 완강한 거절로 계획이 바뀌게 된다.

"그의 성품을 완강하게 하셨고." 구약과 신약에서는 이 표현이 자주 사용되는데 인간이 스스로 완악한 마음을 먹는 것을 하나님께서 간섭하지 아니하시고 내버려 두셨다는 숙어적인 표현이다. 즉, 하나님이 붙들어 주지 아니하면 파멸될 수밖에 없다는 뜻이다.

2:32-36. 시혼 왕은 이스라엘 백성과 야하스에서 전쟁을 하게 된다. 이스라엘 백성은 시혼의 모든 성읍을 아로엘 골짜기 가운데에 있는 성읍으로부터 길르앗까지 점령하고 그 남녀와 유아와 함께 하나도 남기지 아니하고 진멸하였다.

신명기 3:1-22
바산 왕 옥을 치라

━▶말씀 속으로◀━

3:1-7. 이스라엘 백성이 아모리 헤스본 왕 시혼을 멸하고 바산(르바임과 같고 후에 므낫세의 아들 야일이 하봇야일이라 변경했는데 야일의 촌락이라는 뜻이고 초원지대이다. 오늘날의 요르단 지역임)을 향하여 갔을 때, 바산 왕 옥은 백성을 이끌고 나와 에드레이(갈릴리 호수 동남쪽, 야르묵 강 상류에 있던 성읍)에서 이스라엘 백성과 전쟁을 하려 한다. 이스라엘 백성은 옥과 그의 군사를 무찌르고 모든 가축과 탈취한 물건들은 이스라엘 백성이 가지고 간다.

3:8-10. 이 세 절은 이스라엘 백성이 요단 동쪽 아르논 골짜기로부터 헤르몬 산까지에서 승리한 내용을 요약해 주는 것이다. (헤르몬 산을 시돈 사람은 시룐이라 부르고 아모리 족속은 스닐이라 부르는데 "신에게 봉헌한 산"이라는 뜻이다.) 이스라엘 백성이 빼앗은 땅은 평원의 모든 성읍, 길르앗 온 땅, 바산의 온 땅이었다. "길르앗"은 요단 동쪽 지역과 서부 암몬 지역을 칭하였으나 후대에 와서는 갈릴리 호수로부터 사해 사이에 있는 지역을 길르앗이라 칭했다. 길르앗은 엘리야의 고향으로 알려져 있다 (왕상 17:1).

3:11. "옥"은 아모리 사람이고, 요단 동쪽 지역을 통치하던 마지막 왕이다 (민 21:33). "랍바"는 바산의 수도이다.

3:12-22. 원래 하나님은 요단 서쪽 가나안 땅을 약속해 주셨지만 요단 동쪽 시혼과 옥의 반항으로 인하여 요단 동쪽까지 영토를 넓혀 주신다.

모세는 빼앗은 땅 가운데 아르논에서 길르앗 산지 절반과 모압 경계까지의 지역을 르우벤과 갓 족속에게 분배하고, 요단 동북부는 므낫세 반 지파에게 분배한다. 이 지파들은 이 빼앗은 땅을 달라고 모세에게 요구했다 (민 32장).

신명기 3:23-29
모세가 약속의 땅에 들어가지 못하는 이유

━━▶ 말씀 속으로 ◀━━

3:23 그 때에 내가 여호와께 간구하기를 24 주 여호와여 주께서 주의 크심과 주의 권능을 주의 종에게 나타내시기를 시작하셨사오니 천지간에 어떤 신이 능히 주께서 행하신 일 곧 주의 큰 능력으로 행하신 일 같이 행할 수 있으리이까 25 구하옵나니 나를 건너가게 하사 요단 저쪽에 있는 아름다운 땅, 아름다운 산과 레바논을 보게 하옵소서 하되 26 여호와께서 너희 때문에 내게 진노하사 내 말을 듣지 아니하시고 내게 이르시기를 그만해도 족하니 이 일로 다시 내게 말하지 말라 27 너는 비스가 산 꼭대기에 올라가서 눈을 들어 동서남북을 바라고 네 눈으로 그 땅을 바라보라 너는 이 요단을 건너지 못할 것임이니라 28 너는 여호수아에게 명령하고 그를 담대하게 하며 그를 강하게 하라 그는 이 백성을 거느리고 건너가서 네가 볼 땅을 그들이 기업으로 얻게 하리라 하셨느니라 29 그 때에 우리가 벳브올 맞은편 골짜기에 거주하였느니라.

3:23-29. 1:37에서 하나님은 모세에게 "너도 그리로 들어가지 못하리라"고 말씀하셨고, 여기서도 모세가 하나님께 "저쪽에 있는 아름다운 땅, 아름다운 산과 레바논을 보게 하옵소서"라고 간구하지만 거절하셨다. 그래서 23절의 "그 때"는 모세가 가나안에 들어가지 못한다는 말을 들은 후 자신도 그 땅에 들어가게 해 달라고 간구한 때이다.

모세가 약속의 땅에 들어가지 못하는 이유를 민수기 20:1-13에서는 모세가 이스라엘 백성의 불순종을 설득시키지 못했기 때문이고, 신명기에서는 백성이 하나님의 말씀을 듣지 아니하였기 때문에 하나님께서 진노하셔서 들어가지 못한 것으로 되어 있다 (3:26; 4:21).

"비스가 산"은 요단 동쪽 모압 산지에 위치하고 있으며 비스가 산 정상에 느보 산 봉우리가 있다. 그러한 의미에서 모세가 죽기 전 약속의 땅을 내려다 본 느보 산과 비스가 산은 같은 산이다.

신명기 4:1-40
지켜야 할 하나님의 규례와 법도들

━▶ 주요 메시지

4:1-40에서 모세는 현재의 입장에서 과거에 대한 이야기들을 결말지으면서 이스라엘 백성은 말씀에 따라 순종하는 삶을 살아야 한다고 설교한다. 하나님은 그의 백성이 그가 말한 대로 살기를 원하신다.

신명기 4:1-14
모세가 순종할 것을 권고하다

━▶ 말씀 속으로 ◀━

4:1 이스라엘아 이제 내가 너희에게 가르치는 규례와 법도를 듣고 준행하라 그리하면 너희가 살 것이요 너희 조상의 하나님 여호와께서 너희에게 주시는 땅에 들어가서 그것을 얻게 되리라 2 내가 너희에게 명령하는 말을 너희는 가감하지 말고 내가 너희에게 내리는 너희 하나님 여호와의 명령을 지키라 3 여호와께서 바알브올의 일로 말미암아 행하신 바를 너희가 눈으로 보았거니와 바알브올을 따른 모든 사람을 너희의 하나님 여호와께서 너희 가운데에서 멸망시키셨으되 4 오직 너희의 하나님 여호와께 붙어 떠나지 않은 너희는 오늘까지 다 생존하였느니라 5 내가 나의 하나님 여호와께서 명령하신 대로 규례와 법도를 너희에게 가르쳤나니 이는 너희가 들어가서 기업으로 차지할 땅에서 그대로 행하게 하려 함인즉 6 너희는 지켜 행하라 이것이 여러 민족 앞에서 너희의 지혜요 너희의 지식이라 그들이 이 모든 규례를 듣고 이르기를 이 큰 나라 사람은 과연 지혜와 지식이 있는 백성이로다 하리라 7 우리 하나님 여호와께서 우리가 그에게 기도할 때마다 우리에게 가까이 하심과 같이 그 신이 가까이 함을 얻은 큰 나라가 어디 있느냐 8 오늘 내가 너희에게 선포하는 이 율법과 같이 그 규례와 법도가 공의로운 큰 나라가 어디 있느냐 9 오직 너는 스스로 삼가며 네 마음을 힘써 지키라 그리하여 네가 눈으로 본 그 일을 잊어버리지 말라 네가 생존하는 날 동안에 그 일들이 네 마음에서 떠나지 않도록 조심하라 너는 그 일들을 네 아들들과 네 손자들에게 알게 하라 10 네가 호렙 산에서 네 하나님 여호와 앞에 섰던 날에

여호와께서 내게 이르시기를 나에게 백성을 모으라 내가 그들에게 내 말을 들려주어 그들이 세상에 사는 날 동안 나를 경외함을 배우게 하며 그 자녀에게 가르치게 하리라 하시매 11 너희가 가까이 나아와서 산 아래에 서니 그 산에 불이 붙어 불길이 충천하고 어둠과 구름과 흑암이 덮였는데 12 여호와께서 불길 중에서 너희에게 말씀하시되 음성뿐이므로 너희가 그 말소리만 듣고 형상은 보지 못하였느니라 13 여호와께서 그의 언약을 너희에게 반포하시고 너희에게 지키라 명령하셨으니 곧 십계명이며 두 돌판에 친히 쓰신 것이라 14 그 때에 여호와께서 내게 명령하사 너희에게 규례와 법도를 교훈하게 하셨나니 이는 너희가 거기로 건너가 받을 땅에서 행하게 하려 하심이니라.

4:1-2. 모세는 백성에게 규례와 법도를 준행할 것에 대하여 설교한다. 하나님의 "규례와 법도"를 "가감하지 말고" 준행하면 살 것이요, 하나님께서 약속하신 땅을 얻게 될 것이라고 말한다. 하나님의 백성은 하나님께서 축복해 주실 때만이 성공할 수 있기 때문이다.

신명기에서는 "규례와 법도"가 자주 병행되어 사용된다. "규례"(규칙, 법규, 교훈)는 삶을 인도하여 주는 율법이나 십계명의 계명 하나 하나, 즉, 첫째 계명, 둘째 계명 등을 말하는 것이고, "법도"(권리와 의무에 근거된 판단 혹은 인도)는 그 구체적인 계명을 삶에 적용 혹은 실천하는 특별한 언어이다. 그리고 "명령"/"말씀"은 "하나님의 명령" 또는 십계명 자체를 뜻한다. 이러한 의미에서 규례와 법도는 하나님의 언약적 요구 사항에 대해 하나님께서 계시하신 모든 내용을 말하는 것이다.

4:3-4. "바알브올"은 바알 신을 말한다. 바알 신은 이스라엘 백성이 약속의 땅에 정착할 당시 가장 잘 알려져 있던 신의 이름이다. 바알은 "주인" 혹은 "소유자"라는 뜻이다. 바알 신은 자연과 관계가 되어 있었고 (해와 비와 바람 등), 자연을 번성하게 하는 다산의 신으로 알려졌었다. 바알브올의 사건은 이스라엘 백성에게 삶을 택하느냐 아니면 죽음을 택하느냐에 관한 것이었다 (민 25:1-13). 바알브

올과 관련된 죄는 바알 신에게 바쳤던 음식을 먹는 것과 성관계를 맺으면서 (시 106:28) 바알 신을 숭배하는 것이었다. 이스라엘 백성은 우상숭배로 인하여 하나님의 진노를 불러일으켜 재앙을 일으키기도 했다.

모세는 하나님께 순종한 사람들은 아직 살아있고, 순종하지 않은 사람들은 다 멸망했다고 말하는데 (4절), 그 이유는 약속의 땅 가나안에서 하나님께 순종하면 살게 되고, 하나님이 주신 법도와 규례를 따르지 않으면 죽게 된다는 뜻이다.

4:5-8. 모세는 하나님이 이스라엘 백성이 원하는 것을 듣고 기억하시는 것처럼 (4:7), 이스라엘 백성도 하나님에 대한 지혜와 지식이 있는 백성이 되기를 원한다. 구약에서 "지혜"는 하나님의 말씀 혹은 명령에 순종하여 하나님과 바른 관계를 유지하는 성품이다. "지식"은 통찰력 혹은 이해력을 뜻한다. 그러므로 하나님이 명하신 대로 규례와 법도를 지켜 행하는 사람은 기도할 때마다 하나님이 함께 가까이 하시는 혜택을 체험한다 (7절). "공의로운"은 하나님의 언약을 잘 지키는 것을 뜻한다 (8절).

4:9-14. 모세는 호렙 산(시내 산)에서 하나님으로부터 받은 십계명에 대하여 말한다. 하나님은 불길 속에서 말씀하시되 음성뿐이었지 형상으로는 보여주지 않으셨다. 그러므로 우상을 하나님의 형상으로 생각하지 말라고 말한다. 이 십계명을 자녀들에게 가르쳐 주라고 말한다.

하나님은 십계명을 통하여 그의 규례와 법도를 요약해 주시면서 이스라엘과 언약을 맺으신다. 언약은 양자 간에 약속한 것을 신실하게 지키는 것이지만, 구약의 언약은 일방적으로 하나님 스스로가 이스라엘과 세우신 것이다. 이 언약은 하나님께 결속된다는 뜻이다. 하나님은 이 언약을 백성에게 가르쳐 주라고 모세에게 말씀하신다. 모세는 이 언약을 자녀에게 가르치라고 백성에게 말해 준다.

4:15-40. 이 부분에서 모세는 첫째 계명인 "나 외는 다른 신들을 네게 두지 말지니라"와 둘째 계명인 "어떤 형상으로든지 우상을 만들지 말지니라"에 대하여 언급하면서 하나님만 경배하라고 명한다.

4:15-22. 하나님께서 백성에게 호렙 산에서 말씀하셨을 때, 어느 형상도 보여주지 아니하셨듯이 그들은 어떤 형상으로든지 우상을 만들어 숭배하면 안 된다. 이 부분에서는 12절에서 "여호와께서 불길 중에서 너희에게 말씀하시되 음성뿐이므로 너희가 그 말소리만 듣고 형상은 보지 못하였느니라"를 더 구체적으로 언급한다. "말소리만 듣고 형상은 보지 못"했다는 것은 눈으로 본 것을 묘사하면 하나님의 존재 자체를 제한시키는 것이고, 하나님을 보고 살아남을 수 있는 사람이 아무도 없음을 강조하기 위함이다.

4:17-20. 그러면서 모세는 땅 위에 있는 어떤 짐승, 새, 곤충, 어족의 형상이든지, 하나님께서 창조하신 그의 피조물인 해와 달과 별들을 숭배하지 말라고 명한다.

4:21-24. 모세는 자신과 1세대는 하나님의 인도하심에 불순종하여 하나님을 진노하게 하였기 때문에 약속의 땅에 들어갈 수 없게 되었음을 상기시켜 준다.

신명기에서 "기업"은 약속의 땅을 뜻한다.

4:25-40. 모세는 백성에게 "너희는 스스로 삼가 너희의 하나님 여호와께서 너희와 세우신 언약"(23절)을 잊지 말고 어떤 형상의 우상도 조각하지 말고 섬기지 말 것을 경고하여 준다. 우상을 만드는 것은 언약을 잊는 것과 마찬가지이다. 또한 우상을 만들지 말고 섬기지 말 것에 대하여 후손에게도 가르쳐 주어야 한다. 우상을 섬기면 질투하시는 여호와 하나님 앞에 악을 행함으로 그의 진노를 일으키어 멸망을 당하게 될 것이다. "질투하시는 하나님"은 백성에 대한 하나님의 헌신적인 사랑을 강조하는 표현이다.

4:27-31. 하나님을 떠나가면 (1) 하나님은 그의 백성이

차지한 땅에서 쫓아내어 이방에 흩으실 것이요, (2) 모든 소유를 잃게 하실 것이다. (3) 이방에서 "사람의 손으로 만든 바 보지도 못하며 듣지도 못하며 먹지도 못하며 냄새도 맡지 못하는 목석의 신들을 섬기"게 하실 것이다. 그러나 하나님께 순종하면 하나님은 자비하신 하나님이셔서 이스라엘을 버리지 아니하며 언약을 잊지 아니하실 것이다.

4:32-36. "강한 손과 편 팔"은 하나님의 구원의 능력을 뜻한다.

4:37-38. 이스라엘이 하나님의 백성이 된 것은 하나님이 그들을 택하여 주셨기 때문이다. 하나님은 그들의 조상을 택하여 주셨고, 그들을 애굽의 노예생활에서 건져 지금까지 인도해 주셨다. 그리고 하나님은 이스라엘보다 강한 민족들을 약속의 땅에서 쫓아내시고 그 땅을 이스라엘 백성에게 기업으로 약속해 주셨다. 약속의 땅에는 "겐 족속과 그니스 족속과 갓몬 족속과 헷 족속과 브리스 족속과 르바 족속과 아모리 족속과 가나안 족속과 기르가스 족속과 여부스 족속"이 살고 있었다 (창 15:19-21).

4:39-40. 그래서 모세는 "여호와는 하나님이시요 다른 신이 없는 줄을 알아 명심"하라고 말하고, "오늘 내가 네게 명령하는 여호와의 규례와 명령을 지키라"고 말한다.

모세가 이스라엘 백성에게 말하여 주는 하나님의 특징은:
• 하나님은 질투하시는 하나님이시다 (24절). 하나님은 살아 계시며, 헌신적인 사랑을 원하신다는 뜻이다.
• 하나님은 자비하신 하나님이시다 (31절). 하나님은 아브라함, 이삭, 야곱, 이스라엘 백성과 맺은 언약을 잊지 아니하실 것이다.
• 하나님은 사람을 세상에 창조하신 날부터 지금까지 이적과 기사를 행하신 분이시다 (32절).
• 하나님은 유일하신 하나님이시다 (39절). 여호와 하나님 외에는 다른 신이 없다.

신명기 4:41-43
요단 동쪽의 도피성

━━▶ 말씀 속으로 ◀━━

도피성에 관해서는 신명기 19:1-13에서 구체적으로 다시 언급하며, 도피성은 부지중에 실수로 사람을 죽이게 된 사람들을 보호하기 위해 요단 동쪽에 세운 세 개의 성읍을 말한다. 고의적인 살인과 부지중에 저지른 살인은 사건이 일어날 때마다 피해자의 가족이 자신들의 손으로 보복함으로써 사회 질서에 큰 혼돈을 일으키는 것을 피하기 위해 만든 제도였다 (민 35:9-15). 도피성은 하나님은 사랑의 하나님이며 자비하신 하나님이며 인간의 생명을 소중하게 여기시는 하나님이심을 강조하는 것이다.

모세는 우선 요단 동쪽에 있는 세 도시를 도피성으로 정한다. 하나는 르우벤 지파를 위한 "베셀"이요, 다른 하나는 갓 지파를 위한 "길르앗 라못"이요, 또 다른 하나는 므낫세 지파를 위한 "골란"이다. 가나안 땅에 정착한 후 서쪽에는 게데스, 세겜, 헤브론을 도피성으로 정했다.

━━▶ 생활 속으로

☼ 4장에서는 십계명의 첫째 계명인 "나 외는 다른 신들을 네게 두지 말지니라"와 둘째 계명인 "어떤 형상으로든지 우상을 만들지 말지니라"에 대하여 언급하면서 하나님만 경배하라고 강조한다. 그러나 우리는 모르는 사이에 미신적인 사고방식에 잡혀 있음을 깨닫게 될 때가 많이 있다. 집 안에서 우산을 펴면 운이 좋지 않다든가, 집터가 나쁘면 후세에 영향을 미친다든가, 십자가를 목에 달고 다녀야 불운을 당하지 않는다고 생각한다. 나에게 나타나는 미신적인 요소들은 무엇인지 서로 나누어 보자. 왜 미신적인 요소들이 크게 영향을 미치는지 서로 나누어 보자.

신명기 4:44 – 11:32
모세의 두 번째 설교

➡ 주요 메시지

5-11장은 십계명의 근본 내용을 주로 설명하고, 12-28장에서는 삶의 다양한 현장에서 십계명을 적용하는 데 필요한 다양한 규례와 법도를 강조하는 부분이다.

신명기 4:44-49
언약의 서문

➡ 말씀 속으로 ◀

신명기에는 모세가 선포한 네 편의 설교(연설이라고도 한다)가 있다. 신명기는 각 설교를 시작할 때마다 서론 부분으로 시작한다 (1:1-5; 4:44-5:1; 29:1; 33:1).

모세가 선포한 설교들의 주요 내용은 언약이고, 이 언약은 "증언과 규례와 법도"를 선포하는 것이다. "증언"은 하나님의 신실성에 근거하여 선포된 것이므로 변경이 불가능하다는 것을 강조하는 것이다. "규례"는 하나님의 말씀이나 계명 또는 명령, 즉, 십계명 하나 하나에 순종하는 것을 강조하는 법규를 말하는 것이다. "법도"는 이스라엘 백성이 십계명을 생활에 적용하는 과정에서 권리와 의무에 근거된 판단과 인도를 받는 것을 강조하는 것이다.

4:47-49. 이 부분은 모세와 이스라엘 백성이 애굽에서 나온 후 어떻게 현재 이 시점까지 오게 되었는지를 간략하게 요약하여 주는 역사적인 배경이다. 이스라엘 백성은 아모리 족속 시혼 왕과 옥을 쳐서 그의 땅을 기업으로 얻었다. 그 얻은 땅들은 아르논 골짜기 가장자리의 아로엘서부터 시온 산 곧 헤르몬 산까지이다.

신명기 5:1-21
십계명

━▶말씀 속으로◀━

5:1 모세가 온 이스라엘을 불러 그들에게 이르되 이스라엘아 오늘 내가 너희의 귀에 말하는 규례와 법도를 듣고 그것을 배우며 지켜 행하라 2 우리 하나님 여호와께서 호렙 산에서 우리와 언약을 세우셨나니 3 이 언약은 여호와께서 우리 조상들과 세우신 것이 아니요 오늘 여기 살아 있는 우리 곧 우리와 세우신 것이라 4 여호와께서 산 위 불 가운데에서 너희와 대면하여 말씀하시매 5 그 때에 너희가 불을 두려워하여 산에 오르지 못하므로 내가 여호와와 너희 중간에 서서 여호와의 말씀을 너희에게 전하였노라 여호와께서 이르시되 6 나는 너를 애굽 땅, 종 되었던 집에서 인도하여 낸 네 하나님 여호와라 7 나 외에는 다른 신들을 네게 두지 말지니라 8 너는 자기를 위하여 새긴 우상을 만들지 말고 위로 하늘에 있는 것이나 아래로 땅에 있는 것이나 땅밑 물 속에 있는 것의 어떤 형상도 만들지 말며 9 그것들에게 절하지 말며 그것들을 섬기지 말라 나 네 하나님 여호와는 질투하는 하나님인즉 나를 미워하는 자의 죄를 갚되 아버지로부터 아들에게로 삼사 대까지 이르게 하거니와 10 나를 사랑하고 내 계명을 지키는 자에게는 천 대까지 은혜를 베푸느니라 11 너는 네 하나님 여호와의 이름을 망령되이 일컫지 말라 나 여호와는 내 이름을 망령되이 일컫는 자를 죄 없는 줄로 인정하지 아니하리라 12 네 하나님 여호와가 네게 명령한 대로 안식일을 지켜 거룩하게 하라 13 엿새 동안은 힘써 네 모든 일을 행할 것이나 14 일곱째 날은 네 하나님 여호와의 안식일인즉 너나 네 아들이나 네 딸이나 네 남종이나 네 여종이나 네 소나 네 나귀나 네 모든 가축이나 네 문 안에 유하는 객이라도 아무 일도 하지 못하게 하고 네 남종이나 네 여종에게 너 같이 안식하게 할지니라 15 너는 기억하라 네가 애굽 땅에서 종이 되었더니 네 하나님 여호와가 강한 손과 편 팔로 거기서 너를 인도하여 내었나니 그러므로 네 하나님 여호와가 네게 명령하여 안식일을 지키라 하느니라 16 너는 네 하나님 여호와께서 명령한 대로 네 부모를 공경하라 그리하면 네 하나님 여호와가 네게 준 땅에서 네 생명이 길고 복을 누리리라 17 살인하지 말지니라 18 간음하지 말지니라 19 도둑질 하지 말지니라 20 네 이웃에 대하여 거짓 증거하지 말지니라 21 네 이웃의 아내를 탐내지 말지니라 네 이웃의 집이나 그의 밭이나 그의 남종이나 그의 여종이나 그의 소나 그의 나귀나 네 이웃의 모든 소유를 탐내지 말지니라

신명기는 하나님과 맺은 언약을 계속 반복하여 강조한다. 언약은 과거 믿음의 선조들과만 맺은 것이 아니라, 지금도 또한 미래에도 똑같이 해당된다는 사실을 강조하기 위함이다.

(1) 이스라엘의 조상들과 맺은 언약 (창 15:1-21).
(2) 호렙 산에서 맺은 언약 (신 2:2).
(3) 모압 평지에서 맺은 언약(신 29:1).

5:1. "이스라엘아 오늘 내가 너희의 귀에 말하는 규례와 법도를 듣고 그것을 배우며 지켜 행하라." "오늘 내가 너희 귀에 말하는 규례와 법도"는 호렙 산에서 계시된 내용을 재확인시켜 주는 것이다. "오늘"은 긴박성을 나타내는 용어이다. "듣고"는 지금 순종하라는 뜻이 강하다.

5:2-5. 하나님은 이스라엘의 믿음의 선조들과도 언약을 맺으셨지만, 호렙 산에서 맺은 언약은 지금 이 세대(우리)와 세우시는 언약이며, 모세가 그 언약의 중개자이다. 하나님은 일방적으로 산 위 불 가운데 나타나 말씀하셨고, 약속의 땅을 이스라엘 백성에게 허락하여 주셨다. 그러나 약속의 땅에서 축복 받는 생활을 하는 것은 백성이 하나님께 얼마나 신실하게 순종하느냐에 달려있다.

5:6-21. 십계명은 모든 율법의 기초이고, 언약을 요약해 주는 것이다. 앞으로 신명기는 십계명의 기본 의미와 십계명을 생활에 적용하는 길을 안내해 줄 것이다. 십계명은 두 돌판에 쓰여졌다. 이스라엘의 율법은 이스라엘 백성을 애굽 땅에서 인도해 내신 하나님에게 근거하고 있는 것들이다. "나는 너를 애굽 땅, 종 되었던 집에서 인도하여 낸 네 하나님 여호와라"(6절). 십계명은 출애굽기 20:1-17에 기록되어 있다.

5:6-7. 첫째 계명: "나 외에는 다른 신들을 네게 두지 말지니라."

첫째 계명은 십계명에서 가장 중심이 되는 계명이라 말할 수 있다. 하나님 외에 다른 신을 섬기지 말라는 것이다. 하나님은 오직 한 분이신 유일하신 하나님이시다. 첫째 계명과 관련된 규례와 법도는 4:10-20; 6:1-11:32; 12:2-28에서 더 상세하게 기록되어 있다.

5:8-10. 둘째 계명: "너는 자기를 위하여 새긴 우상을 만들지 말고 위로 하늘에 있는 것이나 아래로 땅에 있는 것이나 땅밑 물 속에 있는 것의 어떤 형상도 만들지 말며 우상을 만들지 말며."

하늘에 있는 것이나, 땅에 있는 것이나, 땅밑 물 속에 있는 것으로 우상을 만드는 것은 하나님을 시각적인 이미지로 만들려는 노력이다. 눈으로 볼 수 있는 하나님은 하나님이 아니다. "질투하는 하나님"(9절)은 헌신적인 사랑을 원하시는 하나님이라는 뜻이다. 둘째 계명과 관련된 규례와 법도는 12:2-13:18에 기록되어 있다.

5:11. 셋째 계명: "너는 네 하나님 여호와의 이름을 망령되이 일컫지 말라."

하나님의 이름을 주술적인 주문이나 기원문에 마음대로 사용하지 말라는 것이다. 하나님은 거룩하신 하나님이시고 우리가 두려워해야 할 분임도 불구하고 하나님의 이름으로 맹세를 한다든지 하나님의 이름으로 욕을 하지 말라는 것이다. 이렇게 하나님의 이름을 사용하는 것들은 하나님의 이름을 헛되이 사용하는 것이다. 세상 사람들은 우리의 삶을 통하여 하나님을 믿는 가치를 알게 되고 하나님의 공동체를 알게 된다. 하나님의 이름을 망령되이 일컫지 말라는 셋째 계명의 규례와 법도는 14:1-21에 기록되어 있다.

5:12-15. 넷째 계명: "안식일을 지켜 거룩하게 하라."

모세는 여기에서 노예의 신분에서 해방된 출애굽을 기억하고 기도와 예배를 위하여 쉬라고 한다. 또한 공동체가 생겨나게 된 것을 기억하며 안식일을 지키라고 한다.

"안식일"의 뜻은 쉬다, 하던 일을 멈추다이다. 안식일은 우리가 하던 일을 멈추고 하나님을 창조주로 경배하면서 우리의 영적인 유산을 기억하는 시간인 동시에, 몸을 쉬게 하는 휴식의 시간이다. 쉬는 시간에는 노예들도 쉬고, 계절에 꼭 해야 할 일도 쉬어야 한다 (출 34:21). 넷째 계명과 관련된 규례와 법도는 4:41-43; 12:1-26:15에 기록되어 있다.

5:16. 다섯째 계명: "네 부모를 공경하라."

처음 네 계명은 하나님과 관련되어 있고, 다섯째 계명부터는 이웃과 관련되어 있다. 하나님과 인간이 십계명을 통하여 만나고 있음을 강조하는 것이다. 모든 사람은 부모를 존경하고 순종해야 한다. 다섯째 계명과 관련된 규례와 법도는 16:18-18:22에 기록되어 있다.

5:17. 여섯째 계명: "살인하지 말지니라."

반사회적인 목적으로 살인하지 말라는 것이다. 그리고 이 계명은 모든 형태의 불법적인 살인(출 22:2-3)과 보복을 금하는 동시에 개인의 생명을 귀하게 존중하라고 요구하는 것이다 (출 21:20-21). 살인과 관련된 규례와 법도는 19:1-22:30에 기록되어 있다.

5:18. 일곱째 계명: "간음하지 말지니라."

부부 관계를 벗어나서 성행위를 하지 말라는 것이다. 간음은 공동체와 가정의 질서를 깨는 행위이다 (레 18:20, 24; 민 5:11-31). 간음과 관련된 일곱째 계명의 규례와 법도는 22:9-23:18에 기록되어 있다.

5:19. 여덟째 계명: "도둑질하지 말지니라."

이것은 남의 재산을 도둑질하는 것뿐만 아니라, 재산을 놓고 분쟁하는 것까지 포함한다. 도둑질과 관련된 여덟째 계명의 규례와 법도는 23:19-24:7에 기록되어 있다.

5:20. 아홉째 계명: "네 이웃에 대하여 거짓 증거하지 말지니라." 사회정의를 위협하는 말과 행위를 금하는 것이다. 거짓 증거와 관련된 아홉째 계명의 규례와 법도는 24:8-25:4에 기록되어 있다.

5:21. 열째 계명: "네 이웃의 아내를 탐내지 말지니라 네 이웃의 집이나 그의 밭이나 그의 남종이나 그의 여종이나 그의 소나 그의 나귀나 네 이웃의 모든 소유를 탐내지 말지니라."

"탐내지 말라"는 것은 남의 것을 취하지 말라는 것이다. 출애굽기 20:17 "네 이웃의 집을 탐내지 말라 네 이웃의 아내나 그의 남종이나 그의 여종이나 그의 소나 그의 나귀나 무릇 네 이웃의 소유를 탐내지 말라"고 되어 있는데, 신명기에서 아내를 집보다 먼저 언급하는 이유는 아내가 재산이 아니라는 뜻이다. 탐심은 잘못된 행동을 야기시킬 수 있을 뿐만 아니라, 우상숭배와 같은 것이다 (골 3:5). 열째 계명과 관련된 규례와 법도는 25:5-26:15에 기록되어 있다.

신명기 5:22-33
언약에 따라 생각하고 판단하고 행동하라

━▶ 말씀 속으로 ◀━

이 부분은 6-7장으로 안내하여 주는 부분이다 (또한 출 19:7-25; 24:1-18 참조). 이스라엘 백성은 하나님의 음성을 듣기 위해 호렙 산에 갈 필요가 없게 되었다. 하나님은 이제 법도와 규례를 통해서 말씀하시기 때문에 그 말씀에 따라 생각하며 판단하고 행동하라고 모세는 백성에게 분부한다.

━▶ 생활 속으로

☼ 십계명 중에 몇 개를 기억하고 있는가? 현대 사회에서도 십계명을 적용할 수 있다고 생각하는가?
☼ 나는 사생활에서 십계명을 적용하고 있는가?

신명기 6:1-9
첫째 계명과 관련된 규례와 법도
나 외에는 다른 신들을 네게 두지 말지니라

➡ 말씀 속으로 ⬅

6:1 이는 곧 너희의 하나님 여호와께서 너희에게 가르치라고 명하신 명령과 규례와 법도라 너희가 건너가서 차지할 땅에서 행할 것이니 2 곧 너와 네 아들과 네 손자들이 평생에 네 하나님 여호와를 경외하며 내가 너희에게 명한 그 모든 규례와 명령을 지키게 하기 위한 것이며 또 네 날을 장구하게 하기 위한 것이라 3 이스라엘아 듣고 삼가 그것을 행하라 그리하면 네가 복을 받고 네 조상들의 하나님 여호와께서 네게 허락하심 같이 젖과 꿀이 흐르는 땅에서 네가 크게 번성하리라 4 이스라엘아 들으라 우리 하나님 여호와는 오직 유일한 여호와이시니 5 너는 마음을 다하고 뜻을 다하고 힘을 다하여 네 하나님 여호와를 사랑하라 6 오늘 내가 네게 명하는 이 말씀을 너는 마음에 새기고 7 네 자녀에게 부지런히 가르치며 집에 앉았을 때에든지 길을 갈 때에든지 누워 있을 때에든지 일어날 때에든지 이 말씀을 강론할 것이며 8 너는 또 그것을 네 손목에 매어 기호를 삼으며 네 미간에 붙여 표로 삼고 9 또 네 집 문설주와 바깥 문에 기록할지니라.

　모세는 6장에서 이스라엘 백성이 규례와 법도를 따라야 할 이유를 설명한다. 백성이 평화와 사회의 질서를 유지하는 길은 개인과 공동체 모두가 준수해야 하는 법이 있어야 하는데 그것이 바로 십계명이다. 십계명에서 제일 중요하게 생각하는 첫째 계명부터 언급한다.

6:1-9. 첫째로, 규례와 법도를 따라야 하는 이유는 하나님만 사랑하고 섬겨야 하기 때문이다. 하나님은 "나 외에는 다른 신들을 네게 두지 말라"고 말씀하신다.

6:1. "명령"은 하나님께서 이스라엘 백성에게 지시하신 것이고 (십계명), "규례"는 하나님의 말씀이나 명령에 순종하는 것이고, "법도"는 백성이 언약을 실천하지 아니하고 어기면 벌 받는 것을 강조하는 것이다.

그래서 1-3절에서 "명령"은 십계명 가운데 첫째 계명인 "나 외에는 다른 신들을 네게 두지 말지니라"이다. "규례"는 "너와 네 아들과 네 손자들이 평생에 네 하나님 여호와를 경외하"라이다. "법도"는 이스라엘이 듣고 행하면 복을 받고 하나님 여호와께서 조상들에게 젖과 꿀이 흐르는 땅을 약속해 주신 것을 이제 차지하게 될 것이며, 약속의 땅에 들어간 백성은 크게 번성하게 된다는 것이다. "경외"는 하나님만 사랑하고 하나님만 섬기라는 뜻이다.

6:4-9. "들으라"를 히브리어로 "쉐마"라고 하기 때문에 이 구절을 전문적인 표현으로 "쉐마의 가르침"이라고 한다. 쉐마의 내용은 "우리 하나님 여호와는 오직 유일한 여호와이니"라이다. 유대인들은 지금도 아침 저녁으로 이 구절을 고백한다. 그러므로 "너는 마음을 다하고 뜻을 다하고 힘을 다하여 네 하나님 여호와를 사랑하"여야 한다. 예수님은 구약을 요약하는 구절로 이 구절을 사용하셨다.

"들으라"는 유일하신 하나님께만 순종하라는 뜻이다. 유일하신 하나님께 순종하는 길만이 백성이 "살 것이요 복이 너희에게 있을 것이며 너희가 차지한 땅에서 너희의 날이 길" 것이다 (5:33).

"마음"(heart)은 지성, 감정 또는 의지를 뜻한다.
"뜻"(soul)은 생명, 영혼, 목숨 혹은 사상을 뜻한다.
"힘"(might)은 육체적인 힘과 에너지와 기능을 뜻한다.
"사랑하라"(love)는 순종과 신실함이다.

6:6. "이 말씀"은 계명과 율법을 뜻한다.

"마음에 새기고"는 이 말씀과 항상 함께하라는 뜻이다. 그리고 조그마한 "경문 띠"(마 23:5)를 만들어 손목에 매고, 미간(이마)에 붙여 표로 삼고, 집 문설주와 바깥 문에 기록하여 자녀들을 가르치라고 한다. 이렇게 마음에 새긴 말씀을 계속 반복하다 보면 기억하게 되어 있고, 기억하다 보면 실천에 옮기게 된다는 뜻이다 (출 13:1-10, 11-16).

신명기 6:10-25
하나님께 감사하라

━━▶ 말씀 속으로 ◀━━

6:10-25. 둘째로, 규례와 법도를 따라야 하는 이유는 하나님께 감사해야 하기 때문이다.

모세는 이스라엘 백성이 가나안 땅에 들어간 후 하나님을 외면한 채 하나님과 동행하지 않게 만드는 유혹으로 삶의 풍요로움을 든다.

이스라엘 백성은 약속의 땅을 점령한 후, 그들이 건축하지 아니한 크고 아름다운 성읍을 얻게 될 것이고, 자신이 채우지 아니한 아름다운 물건이 가득한 집, 자신이 파지 아니한 우물, 심지 아니한 포도원과 감람나무를 차지하게 될 것이다. 이 때에 사람들은 풍요로운 삶으로 인하여 하나님을 외면하게 될 것이고, 하나님을 향하여 감사하는 마음을 잃게 될 것이다.

그래서 모세는 이러한 생활 패턴이 생길 때마다 이스라엘 백성이 잊지 말고 일상생활에서 꼭 기억해야 할 내용을 상기시켜 준다.

- 애굽 땅 종 되었던 집에서 인도하여 내신 여호와를 잊지 말라고 한다 (12절).
- 하나님을 경외하며 그를 사랑하며 섬기며 그의 이름으로 맹세하라고 한다 (13절).

이스라엘 백성은 자신들이 용감하게 잘 싸워 가나안 땅을 점령하게 되었다고 착각하게 될 것이다. 하나님을 경외하며 그를 섬기는 길만이 이러한 유혹에 말려들지 아니하는 길이다.

예수님도 금식기도 하셨을 때, 마귀가 천하 만국을 보여 주며 자기에게 경배하면 이 모든 것을 네게 주리라고 했을 때, "너의 하나님께 경배하고 다만 그를 섬기라"고 하셨다.

- "주변에 있는 다른 신들을 따르지 말라"고 한다 (14절).
- 이웃 민족들의 종교를 모방하지 말라고 한다 (15절).
- 맛사에서 시험한 것 같이 하나님을 시험하지 말고 무조건 하나님을 경배하라고 한다 (16절).

이스라엘 백성이 맛사에서 하나님을 시험한 사건은 하나님께서 그들의 여정을 인도하여 주셨다는 사실을 완전히 잊어버린 좋은 예이다.

- 하나님께서 명하신 명령과 증거와 규례를 삼가 지키라고 한다 (17절).
- 여호와께서 보시기에 정직하고 선량한 일을 행하라고 한다 (18-19절).

6:20-25. 후일에 이스라엘 후손이 하나님께서 명령하신 증거와 규례와 법도가 무슨 뜻이냐고 묻거든:
- 애굽에서 종살이 하던 사실을 말하여 주라.
- 하나님의 인도로 출애굽 하게 된 사실을 말하여 주라.
- 그들의 눈앞에서 이적과 기사를 애굽과 바로와 그의 온 집에 베푸신 사실을 말하여 주라.
- 하나님께서 땅을 약속해 주셨고 또한 그 약속의 땅에 들어가게 하셨다는 사실을 말하여 주라.

하나님이 개입하지 아니하시면 자유의 삶이 불가능하다. 그러므로 하나님께 순종하라.

"공의로움"은 하나님과의 바른 관계이다.

➡ 생활 속으로

☼ 나는 어떠한 환경에 처할 때 하나님을 잊고 생활하게 된다고 생각하는가? 그리고 하나님께 순종할 때는 언제라고 생각하는가?

☼ 어떻게 하는 것이 마음을 다하고 뜻을 다하고 힘을 다하여 하나님을 사랑하는 것일까?

☼ 나에게 약속의 땅은 무엇인가?

신명기 7:1-26
십계명을 지키라

━━▶ 말씀 속으로 ◀━━

7:1 네 하나님 여호와께서 너를 인도하사 네가 가서 차지할 땅으로 들이시고 네 앞에서 여러 민족 헷 족속과 기르가스 족속과 아모리 족속과 가나안 족속과 브리스 족속과 히위 족속과 여부스 족속 곧 너보다 많고 힘이 센 일곱 족속을 쫓아내실 때에 2 네 하나님 여호와께서 그들을 네게 넘겨 네게 치게 하시리니 그 때에 너는 그들을 진멸할 것이라 그들과 어떤 언약도 하지 말 것이요 그들을 불쌍히 여기지도 말 것이며 3 또 그들과 혼인하지도 말지니 네 딸을 그들의 아들에게 주지 말 것이요 그들의 딸도 네 며느리로 삼지 말 것은 4 그가 네 아들을 유혹하여 그가 여호와를 떠나고 다른 신들을 섬기게 하므로 여호와께서 너희에게 진노하사 갑자기 너희를 멸하실 것임이니라 5 오직 너희가 그들에게 행할 것은 이러하니 그들의 제단을 헐며 주상을 깨뜨리며 아세라 목상을 찍으며 조각한 우상들을 불사를 것이니라 6 너는 여호와 네 하나님의 성민이라 네 하나님 여호와께서 지상 만민 중에서 너를 자기 기업의 백성으로 택하셨나니 7 여호와께서 너희를 기뻐하시고 너희를 택하심은 너희가 다른 민족보다 수효가 많기 때문이 아니니라 너희는 오히려 모든 민족 중에 가장 적으니라 8 여호와께서 다만 너희를 사랑하심으로 말미암아, 또는 너희의 조상들에게 하신 맹세를 지키려 하심으로 말미암아 자기의 권능의 손으로 너희를 인도하여 내시되 너희를 그 종 되었던 집에서 애굽 왕 바로의 손에서 속량하셨나니 9 그런즉 너는 알라 오직 네 하나님 여호와는 하나님이시요 신실하신 하나님이시라 그를 사랑하고 그의 계명을 지키는 자에게는 천 대까지 그의 언약을 이행하시며 인애를 베푸시되 10 그를 미워하는 자에게는 당장에 보응하여 멸하시나니 여호와는 자기를 미워하는 자에게 지체하지 아니하시고 당장에 그에게 보응하시느니라 11 그런즉 너는 오늘 내가 네게 명하는 명령과 규례와 법도를 지켜 행할지니라 12 너희가 이 모든 법도를 듣고 지켜 행하면 네 하나님 여호와께서 네 조상들에게 맹세하신 언약을 지켜 네게 인애를 베푸실 것이라 13 곧 너를 사랑하시고 복을 주사 너를 번성하게 하시되 네게 주리라고 네 조상들에게 맹세하신 땅에서 네 소생에게 은혜를 베푸시며 네 토지 소산과 곡식과 포도주와 기름을 풍성하게 하시고 네 소와 양을 번식하게 하시리니 14 네가 복을 받음이 만민보다 훨씬 더하여 너희 중의 남녀와 너희의 짐승의 암수에 생육하지 못함이 없을 것이며 15 여호와께서 또 모든 질병을 네게서 멀

리 하사 너희가 아는 애굽의 악질에 걸리지 않게 하시고 너를 미워하는 모든 자에게 걸리게 하실 것이라 16 네 하나님 여호와께서 네게 넘겨주신 모든 민족을 네 눈이 긍휼히 여기지 말고 진멸하며 그들의 신을 섬기지 말라 그것이 네게 올무가 되리라 17 네가 혹시 심중에 이르기를 이 민족들이 나보다 많으니 내가 어찌 그를 쫓아낼 수 있으리요 하리라마는 18 그들을 두려워하지 말고 네 하나님 여호와께서 바로와 온 애굽에 행하신 것을 잘 기억하되 19 네 하나님 여호와께서 너를 인도하여 내실 때에 네가 본 큰 시험과 이적과 기사와 강한 손과 편 팔을 기억하라 네 하나님 여호와께서 네가 두려워하는 모든 민족에게 그와 같이 행하실 것이요 20 네 하나님 여호와께서 또 왕벌을 그들 중에 보내어 그들의 남은 자와 너를 피하여 숨은 자를 멸하시리니 21 너는 그들을 두려워하지 말라 너희의 하나님 여호와 곧 크고 두려운 하나님이 너희 중에 계심이니라 22 네 하나님 여호와께서 이 민족들을 네 앞에서 조금씩 쫓아내시리니 너는 그들을 급히 멸하지 말라 들짐승이 번성하여 너를 해할까 하노라 23 네 하나님 여호와께서 그들을 네게 넘기시고 그들을 크게 혼란하게 하여 마침내 진멸하시고 24 그들의 왕들을 네 손에 넘기시리니 너는 그들의 이름을 천하에서 제하여 버리라 너를 당할 자가 없이 네가 마침내 그들을 진멸하리라 25 너는 그들이 조각한 신상들을 불사르고 그것에 입힌 은이나 금을 탐내지 말며 취하지 말라 네가 그것으로 말미암아 올무에 걸릴까 하노니 이는 네 하나님 여호와께서 가증히 여기시는 것임이니라 26 너는 가증한 것을 네 집에 들이지 말라 너도 그것과 같이 진멸 당할까 하노라 너는 그것을 멀리하며 심히 미워하라 그것은 진멸 당할 것임이니라.

 7장은 첫째와 둘째 계명인 "나 외에는 다른 신들을 네게 두지 말지니라 너는 자기를 위하여 새긴 우상을 만들지 말고 위로 하늘에 있는 것이나 아래로 땅에 있는 것이나 땅 밑 물 속에 있는 것의 어떤 형상도 만들지 말"라와 관련된 것이다. 이것은 거룩한 백성이 되는 것에 대한 의미를 제공하여 주는 것이다.

 7:1-11. 이스라엘 백성이 규례와 법도를 따라야 하는 이유는 하나님께서 이스라엘 백성을 성민으로 택하여 주셨기 때문이다. 성민으로 택하여 주셨다함은 많은 민족 가운데서 구별하여 주셨다는 뜻이다.

그러나 특권은 책임도 따르기 마련이다. 이스라엘 백성의 책임은 하나님의 뜻을 세상에 알려 주어야 하는 것이다. 그러므로 그들은 다른 민족들과는 어떤 언약도 맺어서는 안 되고 혼인도 하지 말아야 한다. 그리고 "그들의 제단을 헐며 주상을 깨뜨리며 아세라 목상을 찍으며 조각한 우상들을 불사를 것이니라" (5절).

"주상"은 바알 신을 생각하여 세운 기념비이다.

"아세라 목상"은 바알 여신을 생각하며 나무로 만든 신상을 말한다.

"헷 족속"은 소아시아 출신 족속이다. "기르가스 족속"은 가나안 원주민 가운데 하나인데 (창 10:16; 대상 1:14) 갈릴리 호수 서쪽에 정착하고 생활하던 사람들이다. "아모리 족속"은 요단 동쪽 헤스본 왕국과 바산 왕국을 세운 족속이다. "가나안 족속"은 가나안 땅에 살던 모든 원주민을 칭하는 족속이나 여기서는 베니게 족속을 말하는 것 같다. "브리스 족속"은 농촌에 살던 사람들이라 잘 알려진 것이 없다. "히위 족속"은 호리 족속과 동일하고 예루살렘 북쪽 지역에 거주하던 함 족속이다. "여부스 족속"은 예루살렘과 그 주변 산지에 살던 족속이며 헷 족속의 하위 집단 가운데 하나이다. 이스라엘 백성은 이 일곱 족속과 상종도 하지 말아야 한다.

7:12-16. 이스라엘 백성이 명령과 규례와 법도를 지켜 행하면 하나님께서 인애(자비)를 베푸시고 복을 주시겠다고 하신다. 인구를 번성하게 하고, 토지 소산과 곡식과 포도주와 기름을 풍성하게 하고, 소와 양을 번식하게 하고, 질병을 멀리하겠다고 하신다.

7:17-26. 이스라엘 백성이 규례와 법도를 따라야 하는 이유는 약속의 땅을 주겠다고 약속해 주셨기 때문이다.

"네가 혹시 심중에 이르기를 이 민족들이 나보다 많"다는 생각이 들면 두려워하지 말고 하나님께서 바로를 어떻게 대하셨는가만 기억하면 된다. 네가 본 큰 시험과 이적과 기사와 강한 손과 편 팔을 기억하면 된다. 그러니 두려워할 필요가 없다. 하나님이 함께하시기 때문이다.

7:22-24. 여호와께서 이 민족들을 이스라엘 백성 앞에서 조금씩 쫓아내실 것이다. 이스라엘은 그들을 급히 멸하지 말아야 한다. 왜냐하면 급히 멸하면 들짐승이 번성하여 이스라엘 백성을 해하기 때문이다.

여호와께서는 이 민족들과 그들의 왕들을 너희에게 (이스라엘 백성의 손에) 넘겨주실 것이니 그들의 이름을 천하에서 제하여 버리면 된다.

7:25-26. 전쟁이 승리로 끝난 후에 이스라엘 백성은 그들이 조각한 신상들을 불사르고 그것에 입힌 은이나 금을 탐내지 말며, 취하지 말아야 한다. 이스라엘 백성이 그것으로 말미암아 올무에 걸릴까 염려가 되기 때문이다. 이러한 것들은 하나님 여호와께서 가증히 여기시는 것들이다.

25절의 내용을 범하게 되면 이스라엘 백성은 위험에 처하게 될 것이다. 그러므로 이스라엘 백성은 신상들을 멀리하고 미워하여야 한다.

후에 언급되는 내용이지만 성전 매춘행위 (23:17-18), 어린 아이를 제물로 바치는 것 (18:10), 골육간에 성행위가 가나안 문화에서는 성행하고 있었는데, 신명기는 이러한 것들을 행하지 말라고 못 박아두는 것이다.

➞ 생활 속으로

☼ 한국인들의 문화권 안에는 과거로부터 내려오는 다양한 신상들이 있다. (예를 들어, 불상이라든가 부적 등.) 성도들은 이러한 신상들을 어떻게 대하는 것이 성도의 올바른 자세일까?

☼ 나 외에는 다른 신들을 두지 말라는 참 뜻은 무엇이고, 나도 모르게 신처럼 생각하는 것은 무엇일까?

신명기 8:1-10
이스라엘이 차지할 아름다운 땅

━▶말씀 속으로◀━

8:1 내가 오늘 명하는 모든 명령을 너희는 지켜 행하라 그리하면 너희가 살고 번성하고 여호와께서 너희의 조상들에게 맹세하신 땅에 들어가서 그것을 차지하리라 2 네 하나님 여호와께서 이 사십 년 동안에 네게 광야 길을 걷게 하신 것을 기억하라 이는 너를 낮추시며 너를 시험하사 네 마음이 어떠한지 그 명령을 지키는지 지키지 않는지 알려 하심이라 3 너를 낮추시며 너를 주리게 하시며 또 너도 알지 못하며 네 조상들도 알지 못하던 만나를 네게 먹이신 것은 사람이 떡으로만 사는 것이 아니요 여호와의 입에서 나오는 모든 말씀으로 사는 줄을 네가 알게 하려 하심이니라 4 이 사십 년 동안에 네 의복이 해어지지 아니하였고 네 발이 부르트지 아니하였느니라 5 너는 사람이 그 아들을 징계함 같이 네 하나님 여호와께서 너를 징계하시는 줄 마음에 생각하고 6 네 하나님 여호와의 명령을 지켜 그의 길을 따라가며 그를 경외할지니라 7 네 하나님 여호와께서 너를 아름다운 땅에 이르게 하시나니 그 곳은 골짜기든지 산지든지 시내와 분천과 샘이 흐르고 8 밀과 보리의 소산지요 포도와 무화과와 석류와 감람나무와 꿀의 소산지라 9 네가 먹을 것에 모자람이 없고 네게 아무 부족함이 없는 땅이며 그 땅의 돌은 철이요 산에서는 동을 캘 것이라 10 네가 먹어서 배부르고 네 하나님 여호와께서 옥토를 네게 주셨음으로 말미암아 그를 찬송하리라.

8:1-6. 모세는 광야생활에서 배운 것들을 이스라엘 백성에게 말하여 준다. 광야생활은 겸손해지는 삶을 배운 시간이었다. 광야생활은 하나님의 인도하심과 보호하심을 재확인하는 시간이었다. 하나님은 일반 양식이 아니라 만나로 양식을 공급해 주셨다. "만나를 네게 먹이신 것은 사람이 떡으로만 사는 것이 아니요 여호와의 입에서 나오는 모든 말씀으로 사는 줄을 네가 알게 하려 하심이니라."

8:7-10. 이러한 하나님의 손길을 기억하면, 가나안 땅은 골짜기와 산지에서 물이 흐르고, 먹을 것이 풍부하고, 땅의 돌은 철이요, 산에서는 동이 나는 좋은 땅이 될 것이다.

신명기 8:11-20
여호와를 잊지 말라

━▶ 말씀 속으로 ◀━

8:11 내가 오늘 네게 명하는 여호와의 명령과 법도와 규례를 지키지 아니하고 네 하나님 여호와를 잊어버리지 않도록 삼갈지어다 12 네가 먹어서 배부르고 아름다운 집을 짓고 거주하게 되며 13 또 네 소와 양이 번성하며 네 은금이 증식되며 네 소유가 다 풍부하게 될 때에 14 네 마음이 교만하여 네 하나님 여호와를 잊어버릴까 염려하노라 여호와는 너를 애굽 땅 종 되었던 집에서 이끌어 내시고 15 너를 인도하여 그 광대하고 위험한 광야 곧 불뱀과 전갈이 있고 물이 없는 간조한 땅을 지나게 하셨으며 또 너를 위하여 단단한 반석에서 물을 내셨으며 16 네 조상들도 알지 못하던 만나를 광야에서 네게 먹이셨나니 이는 다 너를 낮추시며 너를 시험하사 마침내 네게 복을 주려 하심이었느니라 17 그러나 네가 마음에 이르기를 내 능력과 내 손의 힘으로 내가 이 재물을 얻었다 말할 것이라 18 네 하나님 여호와를 기억하라 그가 네게 재물 얻을 능력을 주셨음이라 이같이 하심은 네 조상들에게 맹세하신 언약을 오늘과 같이 이루려 하심이니라 19 네가 만일 네 하나님 여호와를 잊어버리고 다른 신들을 따라 그들을 섬기며 그들에게 절하면 내가 너희에게 증거하노니 너희가 반드시 멸망할 것이라 20 여호와께서 너희 앞에서 멸망시키신 민족들 같이 너희도 멸망하리니 이는 너희가 너희의 하나님 여호와의 소리를 청종하지 아니함이니라.

8:11-20. 신명기에서는 하나님을 기억하고 언약을 잊지 아니하는 것이 중요한 관심사로 되어 있다. 그러므로 좋은 곳에서 살게 될 이스라엘 백성이 꼭 명심해야 할 것이 있다.

(1) 여호와를 잊지 말아야 한다 (11절).

생활이 풍요로워지면 우리가 지금 가지고 있는 것이 너무 소중하여 하나님을 멀리하는 경향이 있다. 다시 말해, 우리가 받은 축복이 너무 소중하여 축복해 주신 하나님을 잊을 때가 있다는 말이다.

그래서 여호와의 명령과 법도와 규례를 기억하고 하나님이 주신 언약을 잊지 않는 것이 영적인 삶에서 가장 중요한 것임을 다시 강조하여 말한다. 이스라엘 백성이 여기까지 오게 된 것도 하나님께서 직접 인도하여 주셨기 때문임을 잊지 말아야 한다. 하나님께서 만나를 내려주신 것은 그들이 배가 고파서가 아니라 그들을 훈련시켜 주고 싶어서였다. 사람은 떡으로만 살 수 없다 (3절). 사람에게는 영적인 삶도 있다는 사실을 기억해야 한다.

(2) 먹을 것이 풍부해지고, 떠돌이 생활을 끝내고 아름다운 집을 짓고 안착하게 되고, 소와 양이 번성하여, 은금이 증식되며, 소유가 풍부해질 때, 네 마음이 교만해져서 애굽 땅 종 되었던 집에서 여기까지 인도하여 주신 하나님을 잊지 말아야 한다 (12-14절).

(3) 너를 인도하여 그 광대하고 위험한 광야에서 먹을 것이 없고 마실 물이 없는 곳에서 보호하여 주신 하나님을 기억해야 한다. 목말랐을 때 물을 주신 하나님을 기억해야 한다. 즉, 광야에서 만나와 메추라기로 먹여주신 하나님을 기억해야 한다 (14-16절).

(5) 만약 이스라엘 백성이 우상을 섬기면 여호와께서 다른 민족들을 이스라엘 백성의 목전에서 멸망시키신 것 같이 이스라엘 백성도 반드시 멸망하게 될 것임을 기억해야 한다 (19-20절).

▶생활 속으로

☼ 신앙인의 삶은 육적인 삶과 영적인 삶이 균형을 이루어야 한다. 1은 육적인 삶이고 10은 영적인 삶이라면, 나의 삶 속에서 육적인 삶과 영적인 삶을 가리키는 저울의 눈금이 어디쯤에 와 있다고 생각하는가?

☼ 지금까지 나의 삶의 여정에서 긍정적이든 부정적이든 잊혀지지 않는 세 가지 삶의 경험을 들라면 그것들은 무엇인가? 그리고 그 경험들이 지금의 삶에 어떻게 영향을 주고 있는가?

신명기 9:1-5
이스라엘과 함께하시는 하나님

━━▶ 말씀 속으로 ◀━━

9:1 이스라엘아 들으라 네가 오늘 요단을 건너 너보다 강대한 나라들로 들어가서 그것을 차지하리니 그 성읍들은 크고 성벽은 하늘에 닿았으며 2 크고 많은 백성은 네가 아는 아낙 자손이라 그에 대한 말을 네가 들었나니 이르기를 누가 아낙 자손을 능히 당하리요 하거니와 3 오늘 너는 알라 네 하나님 여호와께서 맹렬한 불과 같이 네 앞에 나아가신즉 여호와께서 그들을 멸하사 네 앞에 엎드러지게 하시리니 여호와께서 네게 말씀하신 것 같이 너는 그들을 쫓아내며 속히 멸할 것이라 4 네 하나님 여호와께서 그들을 네 앞에서 쫓아내신 후에 네가 심중에 이르기를 내 공의로움으로 말미암아 여호와께서 나를 이 땅으로 인도하여 들어서 그것을 차지하게 하셨다 하지 말라 이 민족들이 악함으로 말미암아 여호와께서 그들을 네 앞에서 쫓아내심이니라 5 네가 가서 그 땅을 차지함은 네 공의로 말미암음도 아니며 네 마음이 정직함으로 말미암음도 아니요 이 민족들이 악함으로 말미암아 네 하나님 여호와께서 그들을 네 앞에서 쫓아내심이라 여호와께서 이같이 하심은 네 조상 아브라함과 이삭과 야곱에게 하신 맹세를 이루려 하심이니라.

9:1-3. 하나님께서 함께하실 것을 약속하신다.

9:1. "이스라엘아 들으라"는 새로운 부분을 시작함을 의미한다. 지금까지 네 번에 걸쳐 사용되었다 (4:1; 5:1; 6:4). "오늘"은 요단 강을 건너갈 순간을 말한다. 이스라엘 백성이 점령할 요단 서쪽 성읍들은 강대하다. 그러나 그들은 그 성읍을 점령하게 될 것이다. 하나님이 함께하시기 때문이다. 그들의 힘으로 이 성읍들을 점령하는 것이 아니라 하나님의 불과 같은 힘으로 점령하게 되는 것이다.

9:4-5. 약속의 땅을 차지할 때, 네 공의로움으로 말미암아 여호와께서 나를 이 땅으로 인도하여 들어서 그것을 차지하게 하셨다 하지 말라고 한다. 여호와는 약속의 땅에서 살고 있는 민족들이 악함으로 말미암아 그들을 쫓아내시기 때문이다.

신명기 9:6-29
하나님께 반항하는 모습들

━━▶ 말씀 속으로 ◀━━

　인간은 눈으로 하나님을 볼 수 없고 하나님께서 지으신 피조물만 볼 수 있지만, 하나님은 인간이 하나님의 음성을 들을 수 있도록 창조해 주셨다.

　9:6. 하나님께서는 이스라엘 백성에게 약속의 땅을 선물로 주시는 것이지 이스라엘 백성이 선해서 주시는 것이 아니다. 이러한 모세의 가르침은 40년 동안의 광야생활이 잘 입증하여 준다.

　여기서 "공의"는 하나님을 최선으로 생각하는 마음이다.

　9:7. 이스라엘은 계속 하나님께 순종하지 아니하는 삶을 살아 왔다. "너는 광야에서 네 하나님 여호와를 격노하게 하던 일을 잊지 말고 기억하라 네가 애굽 땅에서 나오던 날부터 이 곳에 이르기까지 늘 여호와를 거역하였으되"는 9장 전체의 내용을 요약하여 주는 구절이다.

　9:8-21. 모세는 호렙 산에서 하나님을 격노하게 한 일을 상기시켜 준다. 그리고 사십 주야를 먹지도 아니하고 마시지도 아니하며 기도하던 때를 상기시켜 준다.

　호렙 산에서 모세가 받은 두 돌판은 언약을 요약하여 준 십계명이다.

　모세는 금송아지를 만들어 죄를 범함으로 인하여 그 금송아지를 불태워 재를 물에 뿌리던 것을 회상시켜 준다 (출 32:15-20에 나타난 사건). 그리고 그 사건으로 말미암아 십계명 돌판을 던져 깨뜨린 것을 회상한다.

　모세가 하나님의 진노를 두려워한 이유는 (1) 하나님은 그의 백성을 멸하실 수 있기 때문이다. (2) 그의 형 아론을 멸하실 수 있기 때문이다. 그래서 모세는 그의 백성과 아론을 위하여 기도한다.

9:22-29. 모세는 이스라엘 백성이 다베라와 맛사와 기브롯핫다아와에서 하나님의 말씀에 순종하지 않은 사건을 회상하면서 말해 준다.

"다베라" 사건은 이스라엘 백성이 시내 산을 떠난 지 삼 일도 안 되어 하나님을 원망한 사건이다. 그 때 하나님은 진영 끝을 불 사르시고 모세의 중보기도로 불이 꺼진다 (민 11:1-3).

"맛사" 사건은 이스라엘 백성이 신 광야를 떠나 르비딤에 장막을 쳤을 때 먹을 물이 없어 하나님을 시험한 사건이다 (출 17:1-7). 모세는 반석을 쳐서 물이 나오게 하였고, 그 곳 이름을 맛사 (뜻: 시험하다) 또는 므리바(뜻: 다툼)라 불렀다.

"기브롯핫다아와" 사건은 고기를 먹고자 하는 열망인데, 탐욕의 무덤이라는 뜻이다 (민 11:31-34).

9:23-24. 정탐꾼을 가나안에 보내어 동정을 살핀 이야기이다 (민 13-14장).

이러한 이야기들을 반복하는 이유는 이스라엘 백성이 끈질기게 하나님을 반역한 모습을 보여주려는 의도이다.

9:25-29. 모세가 사십 주야를 하나님께 중보기도를 한다.
• 주께서 애굽에서 인도하여 내신 백성의 기업을 멸하지 말라고 기도한다.
• 백성의 완악함과 악과 죄를 보지 말아달라고 기도한다.
• 백성의 마음 속에 우리는 연약한 하나님과 함께 산다는 마음이 들지 아니하도록 기도한다.

━▶ 생활 속으로

☼ 알게 모르게 나의 성품 가운데 하나님을 거부하는 태도가 어떤 때 나타나고 있다고 생각하는가?
☼ 하나님을 거부하는 모습과 순종하는 모습은 어떻게 나타나는가?

신명기 10:1-11
하나님의 신실하심을 기억하라

➡️ 말씀 속으로 ⬅️

10:1 그 때에 여호와께서 내게 이르시기를 너는 처음과 같은 두 돌판을 다듬어 가지고 산에 올라 내게로 나아오고 또 나무궤 하나를 만들라 2 네가 깨뜨린 처음 판에 쓴 말을 내가 그 판에 쓰리니 너는 그것을 그 궤에 넣으라 하시기로 3 내가 조각목으로 궤를 만들고 처음 것과 같은 돌판 둘을 다듬어 손에 들고 산에 오르매 4 여호와께서 그 총회 날에 산 위 불 가운데에서 너희에게 이르신 십계명을 처음과 같이 그 판에 쓰시고 그것을 내게 주시기로 5 내가 돌이켜 산에서 내려와서 여호와께서 내게 명령하신 대로 그 판을 내가 만든 궤에 넣었더니 지금까지 있느니라 6 … 10 내가 처음과 같이 사십 주 사십 야를 산에 머물렀고 그 때에도 여호와께서 내 말을 들으사 너를 참아 멸하지 아니하시고 11 여호와께서 내게 이르시되 일어나서 백성보다 먼저 길을 떠나라 내가 그들에게 주리라고 그들의 조상들에게 맹세한 땅에 그들이 들어가서 그것을 차지하리라 하셨느니라.

10:1-5. 이 부분은 언약궤가 생겨나게 된 과정에 대하여 설명하여 준다. 하나님은 모세의 기도를 받아 주시고 돌판 두 개와 돌판을 넣을 아카시아나무로 궤를 만들라고 지시하신다. 그리고 돌판 위에 하나님께서 쓰신다. 십계명이 언약의 주된 내용이라는 것은 신명기의 특성이다.

10:6-11. 이 언약궤는 하나님이 이스라엘 백성과 함께 하고 계시다는 사실을 상징하여 주는 것이며, 레위 지파를 택하여 이 언약궤를 메게 하셨으며, 여호와의 이름으로 백성을 축복하게 하셨다.

모세의 형 아론이 모세라에서 죽어 장사된 후 그의 아들 엘르아살이 아론의 제사장 일을 맡는다. 하나님은 모세가 하는 중보기도를 들으시고 이스라엘에게 계속 행진할 것을 명령하신다. 이스라엘 백성은 모세라(호르 산 부근)에서 굿고다(훌하깃갓과 같은 곳, 민 33:33)로 가고, 굿고다에서 욧바다로 가고, 욧바다에서 가나안을 향하여 간다.

신명기 10:12-22
마음에 새기라

━━▶말씀 속으로◀━━

10:12 이스라엘아 네 하나님 여호와께서 네게 요구하시는 것이 무엇이냐 곧 네 하나님 여호와를 경외하여 그의 모든 도를 행하고 그를 사랑하며 마음을 다하고 뜻을 다하여 네 하나님 여호와를 섬기고 13 내가 오늘 네 행복을 위하여 네게 명하는 여호와의 명령과 규례를 지킬 것이 아니냐 14 하늘과 모든 하늘의 하늘과 땅과 그 위의 만물은 본래 네 하나님 여호와께 속한 것이로되 15 여호와께서 오직 네 조상들을 기뻐하시고 그들을 사랑하사 그들의 후손인 너희를 만민 중에서 택하셨음이 오늘과 같으니라 16 그러므로 너희는 마음에 할례를 행하고 다시는 목을 곧게 하지 말라 17 너희의 하나님 여호와는 신 가운데 신이시며 주 가운데 주시요 크고 능하시며 두려우신 하나님이시라 사람을 외모로 보지 아니하시며 뇌물을 받지 아니하시고 18 고아와 과부를 위하여 정의를 행하시며 나그네를 사랑하여 그에게 떡과 옷을 주시나니 19 너희는 나그네를 사랑하라 전에 너희도 애굽 땅에서 나그네 되었음이니라 20 네 하나님 여호와를 경외하여 그를 섬기며 그에게 의지하고 그의 이름으로 맹세하라 21 그는 네 찬송이시요 네 하나님이시라 네 눈으로 본 이같이 크고 두려운 일을 너를 위하여 행하셨느니라 22 애굽에 내려간 네 조상들이 겨우 칠십 인이었으나 이제는 네 하나님 여호와께서 너를 하늘의 별 같이 많게 하셨느니라.

이 부분은 "나 외에는 다른 신들을 네게 두지 말지니라"라는 첫째 계명에 의거하여 지금까지 한 설교를 결론 맺는 부분이다. 하나님이 원하시는 것은 그를 "경외하며 그의 모든 도를 행하고 그를 사랑하며 마음을 다하고 뜻을 다하여 네 하나님 여호와를 섬기"는 것이다. 그리고 나그네를 사랑하고, 불쌍한 사람들을 돌보고, 신 가운데 신 되시는 하나님을 섬기는 것이다. 이스라엘 백성은 하나님께 순종할 것을 권면한다. 하나님의 명령에 순종하면 살게 될 것이고 (11:1-15, 26-27), 하나님의 명령에 불순종하면 저주를 받게 될 것이다 (11:26-28).

10:12-15. 하나님이 백성에게 요구하시는 것은 (1) 하

나님 여호와를 경외하는 것이며, (2) 모든 도(하나님께서 보여준 길을 걸어가는 것)를 행하는 것이며, (3) 하나님을 사랑하는 것이며, (4) 마음을 다하고 뜻을 다하여 네 하나님 여호와를 섬기는 것이다.

10:16-20. 모세는 "너희는 마음에 할례를 행하고 다시는 목을 곧게 하지 말라"고 백성에게 권면한다. 하나님께 충성을 다하고 헌신하는 삶을 살라는 것이다. "목을 곧게 하지 말라"는 것은 하나님의 명령을 따르지 아니하는 고집스러운 행위를 하지 말라는 뜻이다. 순종하는 삶을 살라는 것이다.

그리고 이웃에게 무관심한 삶을 살지 말고 고아와 과부와 나그네(공동체에서 영구히 사는 외국 출신 거주민)를 사랑하라고 권면한다. 이것은 이스라엘 백성이 전에 나그네로 산 것을 기억하기 위함도 된다. 그리고 하나님은 외모를 보지 아니하시고 뇌물을 받지 아니하신다.

"신 가운데 신이시며 주 가운데 주시요" 하나님만이 유일하신 참 하나님이시라는 뜻을 강조하여 표현한 것이다.

10:21-22. 이스라엘은 하나님을 경외하며 그를 섬겨야 하며 그를 의지하고 그이 이름으로 맹세하여야 한다. 그리고 하나님은 이스라엘 백성을 위하여 크고 두려운 일을 행하셨고 소수의 인구를 하늘의 별 같이 많이 번성하게 하셨기에 그를 찬송하여야 한다.

"칠십 인"은 가뭄으로 인하여 애굽으로 내려간 야곱의 식구들을 말한다 (출 1:5).

▶생활 속으로

☆ 하나님이 백성에게 요구하시는 네 가지 가운데 내가 진심으로 하나님께 응답하는 것은 무엇인가? 네 가지 가운데 내가 응답하기 힘든 것은 무엇인가?

☆ 내가 의도적으로 하나님의 명령에 순종하지 아니하고 내 고집대로 밀고 나가는 것은 무엇인가?

신명기 11:1-7
여호와께서 행하신 큰 일

━━▶말씀 속으로◀━━

11:1 그런즉 네 하나님 여호와를 사랑하여 그가 주신 책무와 법도와 규례와 명령을 항상 지키라 2 너희의 자녀는 알지도 못하고 보지도 못하였으나 너희가 오늘날 기억할 것은 너희의 하나님 여호와의 교훈과 그의 위엄과 그의 강한 손과 펴신 팔과 3 애굽에서 그 왕 바로와 그 전국에 행하신 이적과 기사와 4 또 여호와께서 애굽 군대와 그 말과 그 병거에 행하신 일 곧 그들이 너희를 뒤쫓을 때에 홍해 물로 그들을 덮어 멸하사 오늘까지 이른 것과 5 또 너희가 이 곳에 이르기까지 광야에서 너희에게 행하신 일과 6 르우벤 자손 엘리압의 아들 다단과 아비람에게 하신 일 곧 땅이 입을 벌려서 그들과 그들의 가족과 그들의 장막과 그들을 따르는 온 이스라엘의 한가운데에서 모든 것을 삼키게 하신 일이라 7 너희가 여호와께서 행하신 이 모든 큰 일을 너희의 눈으로 보았느니라.

11장은 하나님께 순종할 것을 강조한다. 약속의 땅에 들어갈 세대는 호렙 산 경험을 하지 못했을 뿐만 아니라 모세의 지도력을 알지 못하는 세대이기 때문이다.

11:1-7. "그런즉 네 하나님 여호와를 사랑하여" 과거에 하나님께서 행하여 주신 것을 기억하며 책무와 규례와 법도와 명령을 항상 지키라 (출 13-14장).

• 여호와의 교훈과 그의 위엄과 그의 강한 손과 펴신 팔과 바로 왕에게 행한 이적과 기사를 기억하라 (2-3절).

• 홍해에서 애굽의 군대를 멸하신 것을 기억하라 (4절).

• 광야에서 행하신 하나님의 보살핌을 기억하라 (5절).

• 르우벤의 자손 엘리압의 아들 다단과 아비람에게 하신 일을 기억하라 (6절).

다단과 아비람(그러나 신명기는 레위 자손의 고라와 르우벤 자손의 온이 반란에 참여한 이야기를 언급하지 않는다)은 모세와 아론의 지도력에 반항하다가 다른 250명의 사람들과 함께 죽음을 당한다 (민 16:1-35).

신명기 11:8-26
주리라고 맹세하신 땅

━━▶말씀 속으로◀━━

11:8 그러므로 너희는 내가 오늘 너희에게 명하는 모든 명령을 지키라 그리하면 너희가 강성할 것이요 너희가 건너가 차지할 땅에 들어가서 그것을 차지할 것이며 9 또 여호와께서 너희의 조상들에게 맹세하여 그들과 그들의 후손에게 주리라고 하신 땅 곧 젖과 꿀이 흐르는 땅에서 너희의 날이 장구하리라 10 네가 들어가 차지하려 하는 땅은 네가 나온 애굽 땅과 같지 아니하니 거기에서는 너희가 파종한 후에 발로 물 대기를 채소밭에 댐과 같이 하였거니와 11 너희가 건너가서 차지할 땅은 산과 골짜기가 있어서 하늘에서 내리는 비를 흡수하는 땅이요 12 네 하나님 여호와께서 돌보아 주시는 땅이라 연초부터 연말까지 네 하나님 여호와의 눈이 항상 그 위에 있느니라 13 내가 오늘 너희에게 명하는 내 명령을 너희가 만일 청종하고 너희의 하나님 여호와를 사랑하여 마음을 다하고 뜻을 다하여 섬기면 14 여호와께서 너희의 땅에 이른 비, 늦은 비를 적당한 때에 내리시리니 너희가 곡식과 포도주와 기름을 얻을 것이요 15 또 가축을 위하여 들에 풀이 나게 하시리니 네가 먹고 배부를 것이라 16 너희는 스스로 삼가라 두렵건대 마음에 미혹하여 돌이켜 다른 신들을 섬기며 그것에게 절하므로 17 여호와께서 너희에게 진노하사 하늘을 닫아 비를 내리지 아니하여 땅이 소산을 내지 않게 하시므로 너희가 여호와께서 주신 아름다운 땅에서 속히 멸망할까 하노라 18 이러므로 너희는 나의 이 말을 너희의 마음과 뜻에 두고 또 그것을 너희의 손목에 매어 기호를 삼고 너희 미간에 붙여 표를 삼으며 19 또 그것을 너희의 자녀에게 가르치며 집에 앉아 있을 때에든지, 길을 갈 때에든지, 누워 있을 때에든지, 일어날 때에든지 이 말씀을 강론하고 20 또 네 집 문설주와 바깥 문에 기록하라 21 그리하면 여호와께서 너희 조상들에게 주리라고 맹세하신 땅에서 너희의 날과 너희의 자녀의 날이 많아서 하늘이 땅을 덮는 날과 같으리라 22 너희가 만일 내가 너희에게 명하는 이 모든 명령을 잘 지켜 행하여 너희의 하나님 여호와를 사랑하고 그의 모든 도를 행하여 그에게 의지하면 23 여호와께서 그 모든 나라 백성을 너희 앞에서 다 쫓아내실 것이라 너희가 너희보다 강대한 나라들을 차지할 것인즉 24 너희의 발바닥으로 밟는 곳은 다 너희의 소유가 되리니 너희의 경계는 곧 광야에서부터 레바논까지와 유브라데 강에서부터 서해까지라 25 너희의 하나님 여호와

께서 너희에게 말씀하신 대로 너희가 밟는 모든 땅 사람들에게 너희를 두려워하고 무서워하게 하시리니 너희를 능히 당할 사람이 없으리라 26 내가 오늘 복과 저주를 너희 앞에 두나니.

11:8-9. 여기서 중요한 단어는 "모든 명령"과 "차지할 땅"이다. 이스라엘의 땅이 비옥해질 수 있는 가능성은 하나님께서 계속 개입하실 때만 가능하다. 왜냐하면, 땅은 하나님의 소유이기 때문이다. 그러므로 이스라엘 백성은 하나님의 모든 명령에 순종하여야 한다. "그리하면 너희가 강성할 것이요 너희가 차지할 땅에 들어가서 그것을 차지하게 될 것"이다. 그리고 하나님께서 "그들과 그들의 후손에게 주리라고 하신 땅 곧 젖과 꿀이 흐르는 땅에서 너희의 날이 장구하"게 될 것이다.

11:10-17. 모세는 애굽과 가나안과 약속의 땅의 차이를 언급한다. 가나안 땅은 애굽과 같이 나일 강에서 물을 끌어대는 시설은 없지만 하나님께서 돌보아 주시는 비에 의존하여 농사를 짓는 풍요로운 땅이 될 것이다.

하나님을 사랑하여 마음을 다하고 뜻을 다하여 섬기면 하나님께서 "너희의 땅에 이른 비, 늦은 비를 적당한 때에 내리시리니 너희가 곡식과 포도주와 기름을" 얻게 될 것이다. 가축을 위하여 들에 풀을 주시고 네가 먹고 배부르게 될 것이다. 그러므로 하나님을 섬길 것이며, 하나님의 진노를 청하지 말아야 한다.

11:18-25. "이러므로 너희는 나의 이 말을 너희의 마음과 뜻에 두고 또 그것을 너희의 손목에 매어 기호를 삼고 너희 미간[이마]에 붙여 표를 삼으며 또 그것을 너희의 자녀에게 가르치며" (18-19절 상반절). 그리하면 하나님께서 주시는 약속의 땅에서 장구하게 될 것이다. 하나님의 명령과 규례를 지켜 행하여 하나님을 사랑하고 그에게 의지하면 행복 (10:13), 강성함 (11:8), 장구함 (11:9), 승리 (11:22-25)를 약속해 주실 것이다.

신명기 11:27-32
축복과 저주

➡ 말씀 속으로 ◀

11:27 너희가 만일 내가 오늘 너희에게 명하는 너희의 하나님 여호와의 명령을 들으면 복이 될 것이요 28 너희가 만일 내가 오늘 너희에게 명령하는 도에서 돌이켜 떠나 너희의 하나님 여호와의 명령을 듣지 아니하고 본래 알지 못하던 다른 신들을 따르면 저주를 받으리라 29 네 하나님 여호와께서 네가 가서 차지할 땅으로 너를 인도하여 들이실 때에 너는 그리심 산에서 축복을 선포하고 에발 산에서 저주를 선포하라 30 이 두 산은 요단 강 저쪽 곧 해지는 쪽으로 가는 길 뒤 길갈 맞은편 모레 상수리나무 곁의 아라바에 거주하는 가나안 족속의 땅에 있지 아니하냐 31 너희가 요단을 건너 너희의 하나님 여호와께서 너희에게 주시는 땅에 들어가서 그 땅을 차지하려 하나니 반드시 그것을 차지하여 거기 거주할지라 32 내가 오늘 너희 앞에 베푸는 모든 규례와 법도를 너희는 지켜 행할지니라.

이 부분은 우상을 섬기지 말라는 설교를 끝맺는 부분이다 (6:1-11:32). 이스라엘 백성은 두 갈래 길 가운데 한쪽 길을 선택하여야 한다. 하나는 순종의 길이요, 다른 하나는 불순종의 길이다. 순종의 길은 축복의 길이요, 불순종의 길은 저주의 길이다.

11:26-28. 하나님 여호와의 명령을 들으면 축복이 될 것이요, 명령을 듣지 아니하고 다른 신들을 따르면 저주를 받을 것이다.

11:29-30. 하나님의 축복과 저주를 이해하는 것이 너무나 중요하기 때문에 가나안 땅에 들어가서 모세는 그리심 산에서는 축복을, 에발 산에서는 저주를 선포하라고 명한다. 두 산 다 세겜에 있는데 요단 서쪽에 위치하고 있다. 후에 여호수아는 가나안 땅을 점령한 후 모세가 명한 대로 이 축복과 저주를 선포한다.

11:31-32. 이제 이스라엘 백성은 요단 서쪽으로 건너가 약속의 땅을 차지하게 될 것이다.

II 부

신명기 12:1 – 16:17
모세의 세 번째 설교
(판례법 Case Law)

▶ 주요 메시지

12-26장까지 규례와 법도와 관련된 판례법들이 적혀 있다. 이 규례와 법도의 내용들은 예배에 관한 규정들과 사회 질서에 관한 것들이다. 물론 이러한 규례와 법도들은 십계명을 상세하게 설명한 것이거나, 십계명을 생활에 적용시키는 내용을 더 상세히 설명하는 것들이다.

12장에서는 십계명의 첫째와 둘째 계명에 의거하여 중앙 성소에서 거행될 예배에 대하여 설명한다. 이 예배의 궁극적인 관심은 우상숭배에 대한 두려움이다. 이러한 유혹에서 벗어나는 길은 한 곳에서만 제사(예배)를 드리게 하는 것이고 이것이 12장의 주 요점이다.

12:1-14
택한 처소에서 하나님만 예배하라

▶ 말씀 속으로 ◀

12:1 네 조상의 하나님 여호와께서 네게 주셔서 차지하게 하신 땅에서 너희가 평생에 지켜 행할 규례와 법도는 이러하니라 2 너희가 쫓아낼 민족들이 그들의 신들을 섬기는 곳은 높은 산이든지 작은 산이든지 푸른 나무 아래든지를 막론하고 그 모든 곳을 너희가 마땅히 파멸하며 3 그 제단을 헐며 주상을 깨뜨리며 아세라 상을 불사르고 또 그 조각한 신상들을 찍어 그 이름을 그 곳에서 멸하라 4 너희의 하나님 여호와께는 너희가 그처럼 행하지 말고 5 오직 너희의 하나님 여호와께서 자기의 이름을 두시려고 너희 모든 지파 중에서 택하신 곳인 그 계실 곳으로 찾아 나아가서 6 너희의 번제와 너희의 제물과 너희의 십일조와 너희 손의 거제와 너희의 서원제와 낙헌 예물과 너희 소

와 양의 처음 난 것들을 너희는 그리로 가져다가 드리고 7 거기 곧 너희의 하나님 여호와 앞에서 먹고 너희의 하나님 여호와께서 너희의 손으로 수고한 일에 복 주심으로 말미암아 너희와 너희의 가족이 즐거워할지니라 8 우리가 오늘 여기에서는 각기 소견대로 하였거니와 너희가 거기에서는 그렇게 하지 말지니라 9 너희가 너희 하나님 여호와께서 주시는 안식과 기업에 아직은 이르지 못하였거니와 10 너희가 요단을 건너 너희 하나님 여호와께서 너희에게 기업으로 주시는 땅에 거주하게 될 때 또는 여호와께서 너희에게 너희 주위의 모든 대적을 이기게 하시고 너희에게 안식을 주사 너희를 평안히 거주하게 하실 때에 11 너희는 너희의 하나님 여호와께서 자기 이름을 두시려고 택하실 그 곳으로 내가 명령하는 것을 모두 가지고 갈지니 곧 너희의 번제와 너희의 희생과 너희의 십일조와 너희 손의 거제와 너희가 여호와께 서원하는 모든 아름다운 서원물을 가져가고 12 너희와 너희의 자녀와 노비와 함께 너희의 하나님 여호와 앞에서 즐거워할 것이요 네 성중에 있는 레위인과도 그리할지니 레위인은 너희 중에 분깃이나 기업이 없음이니라 13 너는 삼가서 네게 보이는 아무 곳에서나 번제를 드리지 말고 14 오직 너희의 한 지파 중에 여호와께서 택하실 그 곳에서 번제를 드리고 또 내가 네게 명령하는 모든 것을 거기서 행할지니라.

　모세는 1-4장에서 약속의 땅 가나안으로 들어갈 새 세대에게 과거의 역사에 대하여 말해 주었다. 이스라엘 백성은 애굽에서 노예생활을 하였는데, 하나님의 기적으로 출애굽하여 자유를 얻게 되었고, 지금은 하나님의 인도하시는 손길을 믿지 아니하다가 광야생활을 하게 되었다고 말해 준다. 그리고 새 세대에게 앞으로 약속의 땅에 들어가 살게 될 하나님의 특별한 사랑에 대하여 말해 주었다.

　5-11장에서 모세는 이 하나님의 특별한 사랑을 생각하면서 하나님께 순종하고, 하나님만 사랑하고, 하나님만 섬길 것을 강조해서 말해 주었다. 그리고 모세는 이스라엘 백성이 약속의 땅에 들어가 적을 물리치기 위하여 믿음 안에서 성숙해지기를 원한다고 말했다. 그러면서 모세는 12-26장까지 약속의 땅에 들어가 생활할 때 필요한 규례와 법도를 하나 하나 소개하여 준다.

12:1-14. 모세는 약속의 땅을 차지한 후 평생 지켜 행할 규례와 법도를 말하여 주면서 하나님만 경배하여야 한다고 말한다. 하나님만 경배하기 위해서는 십계명의 첫째 계명(나 외에 다른 신을 두지 말지니라)과 둘째 계명(우상을 만들지 말라)을 명심해야 한다. 그리고 제일 먼저 행하여야 할 것은 모든 우상을 제거하는 것이다. 이스라엘 백성은 쫓아낼 민족들이 지은 산당에서 예배를 드리지 말아야 하며, 그 산당의 제단은 헐어야 하고, 주상은 깨뜨려야 하고, 아세라 상은 불살라야 하고, 신상은 모조리 찍어 없애야 한다.

"주상"은 우상을 상징하는 기념비이다.

"아세라 상"은 바알의 여신 상이다.

"신상"은 나무로 만든 아세라 상이다.

이스라엘 백성은 지금 성막에서 예배를 드리고 있는데 약속의 땅에 들어가게 되면 여호와께서 자기의 이름을 두시려고 택한 곳에서 예배를 드리게 될 것이다. "오직 하나님 여호와께서 택하신 곳인 그 계실 곳으로 찾아 나아가서 너희의 번제와 너희의 제물과 너희의 십일조와 너희 손의 거제와 너희의 서원물과 너희 소와 양의 처음 난 것들을 너희는 그리로 가져다가 드리라" (민 28-29장을 보라).

"번제"는 짐승을 잡아서 가죽을 제외한 모든 부분을 제단 위에서 태워서 하나님께 드리는 제사이며 온전한 헌신을 상징한다. "번제"와 "제물"이 함께 나올 때의 제물은 "화목제"를 뜻한다. 즉, 번제물로 사용된 고기 일부를 제사장과 회중과 하나님이 함께 나누어 먹는 것을 뜻한다. "거제"는 화목제물의 뒷다리를 높이 들어 하나님께 드리는 제사 방법이다. "서원제"는 하나님께 바치기로 서원한 것을 바치는 제사이다. "낙헌 예물"은 기쁜 마음으로 하나님께 예물을 드리는 제사이다. 이것은 또한 "자원제"로 알려져 있기도 하다.

12:12-14. 이 예배에 참여할 수 있는 사람들은 온 가족, 노비, 땅이 없는 레위인들이다.

신명기 12:15-28
신성한 가축의 피

━━▶ 말씀 속으로 ◀━━

12:15-16. 예배는 한 장소에서 드리지만 가축은 여러 곳에서 잡을 수 있다. 하나님께 번제로 드리기 위하여 잡은 동물은 일부만 번제용으로 사용하고 다른 부분은 먹어도 된다. 다만 가축의 피든 야생동물의 피든 피만은 먹으면 안 된다. 피는 생명이며 생명의 주관자는 하나님이시기 때문에 땅에 쏟아야 한다 (23-25절; 레 17:1-16).

12:17-19. 예배에 사용한 음식은 거룩하기에 성전에서 먹어야 한다. 백성이 음식을 함께 먹는다는 것은 언약의 백성임을 상징하는 것이다. 곡식과 포도주와 기름은 유대인의 주식물이며 하나님께서 주신 특별한 선물로 생각했다 (렘 31:12).

제사장들과 레위인들은 땅이 없기 때문에 이스라엘 백성이 하나님께 바치는 십일조로 그들을 먹여 살려야 한다. 그래서 이스라엘 백성은 가난한 사람들과 제사장들과 레위인들을 먹여 살리기 위하여 삼 년에 한 번씩 특별 헌금을 하였다.

12:20-25. 음식과 희생 제사를 위해 가축을 잡는 것을 설명한다. 하나님께 드릴 제물은 중앙 성소에 갖다 드리지만 나머지는 각 성에서 먹어도 된다. 단, 피는 땅에 부어 묻어야 하고 피를 먹어서는 안 된다. 각 성에서 가축을 잡는 것을 허락하는 이유는 거리 때문이다.

12:26-28. 성물과 서원물은 특별한 것이다. 이것들은 여호와께서 택하신 곳에 두어야 한다. "성물"은 하나님께 바칠 구별된 제물을 뜻한다.

하나님께서 명령하시는 모든 것을 하나님 목전에서 지켜 행하면 너와 네 후손에게 영구히 복이 임할 것이다.

신명기 12:29-32
다른 신들을 섬기지 말라

▶ 말씀 속으로 ◀

12:29 네 하나님 여호와께서 네가 들어가서 쫓아낼 그 민족들을 네 앞에서 멸절하시고 네가 그 땅을 차지하여 거기에 거주하게 하실 때에 30 너는 스스로 삼가 네 앞에서 멸망한 그들의 자취를 밟아 올무에 걸리지 말라 또 그들의 신을 탐구하여 이르기를 이 민족들은 그 신들을 어떻게 섬겼는고 나도 그와 같이 하겠다 하지 말라 31 네 하나님 여호와께는 네가 그와 같이 행하지 못할 것이라 그들은 여호와께서 꺼리시며 가증히 여기시는 일을 그들의 신들에게 행하여 심지어 자기들의 자녀를 불살라 그들의 신들에게 드렸느니라 32 내가 너희에게 명령하는 이 모든 말을 너희는 지켜 행하고 그것에 가감하지 말지니라.

가나안 땅에 정착한 후 우상을 섬기지 말아야 한다. 우상을 섬기는 것은 첫째 계명인 "나 외에는 다른 신들을 네게 두지 말지니라"를 어기는 것이기 때문이다. 가나안 땅의 신들에 대하여 탐구도 하지 말아야 한다. 탐구하다 보면 그들의 신들을 섬길 올무에 걸릴 가능성이 있기 때문이다.

특히 가나안 땅에서는 "여호와께서 꺼리시며 가증히 여기시는" 유아를 제물로 드리는 풍습이 계속 되고 있었는데, 이 풍습은 요시야 왕이 제거한 것으로 기록되어 있다 (왕하 23:10).

▶ 생활 속으로

☼ 하나님만 예배하기 위하여 예배 순서에 꼭 포함되어야 할 순서는 무엇인가? 왜 그렇게 생각하는가?
☼ 하나님만 예배하기 위하여 지금 우리교회 예배 순서에서 꼭 빠져야 할 것은 무엇인가? 왜 그렇게 생각하는가?
☼ 예배의 정의에 대하여 서로 아는 대로 나누어 보자. 어떠한 예배가 가장 은혜스러운 예배인가?
☼ 나의 집에서 우상 역할을 하는 것은 무엇인가?

신명기 13:1-18
거짓 선지자

━▶ 말씀 속으로 ◀━

13:1 너희 중에 선지자나 꿈 꾸는 자가 일어나서 이적과 기사를 네게 보이고 2 그가 네게 말한 그 이적과 기사가 이루어지고 너희가 알지 못하던 다른 신들을 우리가 따라 섬기자고 말할지라도 3 너는 그 선지자나 꿈 꾸는 자의 말을 청종하지 말라 이는 너희의 하나님 여호와께서 너희가 마음을 다하고 뜻을 다하여 너희의 하나님 여호와를 사랑하는 여부를 알려 하사 너희를 시험하심이니라 4 너희는 너희의 하나님 여호와를 따르며 그를 경외하며 그의 명령을 지키며 그의 목소리를 청종하며 그를 섬기며 그를 의지하며 5 그런 선지자나 꿈 꾸는 자는 죽이라 이는 그가 너희에게 너희를 애굽 땅에서 인도하여 내시며 종 되었던 집에서 속량하신 너희의 하나님 여호와를 배반하게 하려 하며 너희의 하나님 여호와께서 네게 행하라 명령하신 도에서 너를 꾀어내려고 말하였음이라 너는 이같이 하여 너희 중에서 악을 제할지니라 6 네 어머니의 아들 곧 네 형제나 네 자녀나 네 품의 아내나 너와 생명을 함께 하는 친구가 가만히 너를 꾀어 이르기를 너와 네 조상들이 알지 못하던 다른 신들 7 곧 네 사방을 둘러싸고 있는 민족 혹 네게서 가깝든지 네게서 멀든지 땅 이 끝에서 저 끝까지에 있는 민족의 신들을 우리가 가서 섬기자 할지라도 8 너는 그를 따르지 말며 듣지 말며 긍휼히 여기지 말며 애석히 여기지 말며 덮어 숨기지 말고 9 너는 용서 없이 그를 죽이되 죽일 때에 네가 먼저 그에게 손을 대고 후에 뭇 백성이 손을 대라 10 그는 애굽 땅 종 되었던 집에서 너를 인도하여 내신 네 하나님 여호와에게서 너를 꾀어 떠나게 하려 한 자이니 너는 돌로 쳐죽이라 11 그리하면 온 이스라엘이 듣고 두려워하여 이같은 악을 다시는 너희 중에서 행하지 못하리라 12 네 하나님 여호와께서 네게 주어 거주하게 하시는 한 성읍에 대하여 네게 소문이 들리기를 13 너희 가운데서 어떤 불량배가 일어나서 그 성읍 주민을 유혹하여 이르기를 너희가 알지 못하던 다른 신들을 우리가 가서 섬기자 한다 하거든 14 너는 자세히 묻고 살펴 보아서 이런 가증한 일이 너희 가운데에 있다는 것이 확실한 사실로 드러나면 15 너는 마땅히 그 성읍 주민을 칼날로 죽이고 그 성읍과 그 가운데에 거주하는 모든 것과 그 가축을 칼날로 진멸하고 16 또 그 속에서 빼앗아 차지한 물건을 다 거리에 모아 놓고 그 성읍과 그 탈취물 전부를 불살라 네 하나님 여호와께 드릴지니 그 성읍은 영

구히 폐허가 되어 다시는 건축되지 아니할 것이라 17 너는 이 진멸할 물건을 조금도 네 손에 대지 말라 그리하면 여호와께서 그의 진노를 그치시고 너를 긍휼히 여기시고 자비를 더하사 네 조상들에게 맹세하심 같이 너를 번성하게 하실 것이라 18 네가 만일 네 하나님 여호와의 말씀을 듣고 오늘 내가 네게 명하는 그 모든 명령을 지켜 네 하나님 여호와의 목전에서 정직하게 행하면 이같이 되리라.

13:1-2. "선지자"는 하나님의 뜻을 백성에게 전하는 대언자이지만 (출 7:1), 여기서는 거짓 선지자를 말하는 것이다. "꿈 꾸는 자"는 자신이 꾼 꿈이 하나님이 주신 계시인양 미래에 대한 거짓 예언을 하는 사람이다.

13:3-5. 모세는 미래에 일어날 일을 미리 언급하고 있다. 선지자가 나타나 이적과 기사를 보이며 "다른 신들을 우리가 따라 섬기자" 하여도 하나님 여호와만 섬기라고 한다. 참 선지자는 하나님 여호와께만 충성을 다하는 사람이다. 참 선지자는 다른 신들을 섬기라고 절대로 말하지 아니한다.

13:6-11. "네 형제나 네 자녀나 네 품의 아내나 너와 생명을 함께 하는 친구가 가만히 너를 꾀어 이르기를 너와 네 조상들이 알지 못하던 다른 신들"을 섬기자 해도 하나님 여호와만 섬기라. 너희 중에서 악을 제하라. 너는 용서 없이 다른 민족의 신들을 소개하는 자를 돌로 쳐죽이라. 그리하면 온 이스라엘이 듣고 두려워하여 이같은 악을 다시는 너희 중에서 행하지 못할 것이다.

3:12-18. 성읍 불량배가 너희를 유혹하여 "다른 신들을 우리가 가서 섬기자" 하더라도 하나님 여호와만 섬기라. 다시 말해, 성읍이 다른 신을 따르도록 결정하는 것을 말한다. 그러면 그 성읍 주민을 다 죽여라.

━▶ 생활 속으로
☼ 성도들 가운데는 절에 가서 불상을 때려부수고 오염을 칠하는 사람들이 있다. 어떻게 생각하는가?

신명기 14:1-21
셋째 계명과 관련된 규례와 법도
여호와의 이름을 망령되이 일컫지 말라

━▶ 주요 메시지

14장은 주로 셋째 계명인 하나님의 이름을 망령되이 일컫지 말라는 계명과 관련된 판례법들을 다룬다 (5:11).

신명기 14:1-2
금지된 애도법

━▶ 말씀 속으로 ◀━

14:1 너희는 너희 하나님 여호와의 자녀이니 죽은 자를 위하여 자기 몸을 베지 말며 눈썹 사이 이마 위의 털을 밀지 말라 2 너는 네 하나님 여호와의 성민이라 여호와께서 지상 만민 중에서 너를 택하여 자기 기업의 백성으로 삼으셨느니라.

1-2절은 가나안 사람이 죽었을 때 애도하던 풍습을 금하는 것이다 (1절). "너는 네 하나님 여호와의 성민이"기 때문에 가나안 사람들의 풍습을 있는 그대로 모방하는 것도 하나님의 이름을 망령되이 일컫는 행위이다.

"죽은 자를 위하여 자기 몸을 베지 말라." 당시 가나안 원주민 가운데는 장례식 때 죽은 자의 넋을 위로하고 음부의 신을 달래기 위하여 자기 몸을 베어 자해 행위를 했다. 이것은 우상을 섬기는 행위였다. 유대인에게 "눈썹 사이 이마 위의 털을" 미는 것은 수치와 멸시를 상징하는 것이다.

이스라엘 백성은 지상 만민 가운데서 하나님께서 택하고 구별하여 주신 성민(거룩한 백성)이기 때문에 성민에게는 거룩하게 행동하여야 할 풍습이 따로 있다는 것이다. 그것이 바로 정한 동물과 물고기와 새를 구별하여 음식으로 먹도록 만들어 놓은 규례와 법도이다.

신명기 14:3-21
정한 짐승과 부정한 짐승

━━▶ 말씀 속으로 ◀━━

어떤 음식을 금하는 것도 신앙적인 차원에서 생각해야 할 것이다. 유대인들은 외적 정결의식을 통하여 내적으로 정결해질 수 있다고 믿었다. 그리고 음식을 가려먹는 것이 하나님의 백성임을 상기시켜 줄 수 있다고 믿었다 (레 11:1-8). 예수님과 바울은 이러한 믿음을 도전하였다 (막 7:14-23; 롬 14:1-15:13).

14:3-8. 먹을 수 있는 짐승은 소, 양, 염소, 사슴, 산 염소, 노루 종류와 같이 쪽발도 되고 새김질을 하는 동물들이다. 그러나 새김질을 하는 동물들 가운데 낙타, 토끼 (코를 실룩거리기 때문에 새김질을 한다고 생각했음), 사반, 돼지는 부정한 동물들이다. 그들은 굽이 갈라지지 아니한 동물이기 때문이다.

14:9-10. 지느러미와 비늘이 있는 물고기는 정한 물고기이고, 지느러미와 비늘이 없는 물고기는 부정한 것들이다. 미꾸라지, 뱀장어, 오징어, 낙지, 굴 등이다.

14:11-21. 정한 새와 부정한 새의 구분을 정확하게 말하지 아니하기 때문에 정확하게 그 이유를 알 수 없어도 새의 그룹으로 보아 추측은 할 수 있다.

정한 새에 관하여는 언급은 없지만 레위기 11장에 보면 메뚜기, 베짱이, 귀뚜라미, 팥중이는 먹어도 된다.

부정한 새는 독수리, 솔개, 물수리, 매의 종류, 까마귀 종류, 타흐마스 (타조), 갈매기, 올빼미, 부엉이, 당아, 올옹, 노자, 학, 황새 종류, 대승, 박쥐와 같이 날기도 하고 기어다니는 새들을 포함하고 있다. 이러한 새들의 특징을 볼 것 같으면 모두가 다른 새나 다른 동물의 피나 시체를 먹는 것과 관련이 있는 것들이다.

신명기 14:22-29
넷째 계명과 관련된 규례와 법도
안식일을 지켜 거룩하게 하라

➡️ 말씀 속으로 ⬅️

밭에서 거둔 추수의 십분의 일을 드리는 것은 양 떼나 가축의 처음 난 새끼를 드리는 것과 마찬가지였다. 그것은 하나님께 감사하는 표시이다. 그리고 처음 난 새끼와 십일조에 관한 규정은 "거룩함"과 연관되어 있는 것들이다.

십일조의 사용 목적은 성전을 방문하는 데 필요한 비용으로 사용되기도 하고, 중앙에 위치한 성전에 예배 드리러 온 사람들이 먹어야 할 음식 비용으로 사용되기도 하고, 땅이 없는 레위인들을 위하여 사용되기도 한다.

사람들은 십일조를 위하여 구별하여 둔 곡식물, 기름, 소와 양을 돈으로 바꿀 수 있다. 돈이 여행하는 데 편리하기 때문이다. 그 돈으로 지정된 장소에서 제사 드리기 위한 필요한 물품을 구입할 수 있다.

예배 처소가 있는 지역에 사는 사람들에게는 규례가 간단하나 밖에 사는 사람들에게는 더 까다롭게 되어 있다.

레위인들은 분배된 땅이 없었기 때문에 공동체의 도움이 필요했었다. 그래서 매 삼 년마다 그 해 소산의 십분의 일을 과부와 고아와 레위인들을 위하여 저축해야 했다. 그리하면 하나님께서 복을 주실 것이다.

➡️ 생활 속으로

☼ 오늘날 기독교 장례식을 보아도 유교 문화를 극복하지 못한 부분이 많이 눈에 띈다. 어떤 식의 장례가 기독교적인 장례일까?

☼ 한인 성도들은 음식을 가려 먹지 아니한다. 구약의 정한 음식과 부정한 음식을 어떻게 이해하여야 할까?

신명기 15:1-11
빚을 면제해 주는 해

➡➤말씀 속으로◀⬅

15:1 매 칠 년 끝에는 면제하라 2 면제의 규례는 이러하니라 그의 이웃에게 꾸어준 모든 채주는 그것을 면제하고 그의 이웃에게나 그 형제에게 독촉하지 말지니 이는 여호와를 위하여 면제를 선포하였음이라 3 이방인에게는 네가 독촉하려니와 네 형제에게 꾸어준 것은 네 손에서 면제하라 4-5 네가 만일 네 하나님 여호와의 말씀만 듣고 내가 오늘 네게 내리는 그 명령을 다 지켜 행하면 네 하나님 여호와께서 네게 기업으로 주신 땅에서 네가 반드시 복을 받으리니 너희 중에 가난한 자가 없으리라 6 네 하나님 여호와께서 네게 허락하신 대로 네게 복을 주시리니 네가 여러 나라에 꾸어 줄지라도 너는 꾸지 아니하겠고 네가 여러 나라를 통치할지라도 너는 통치를 당하지 아니하리라 7 네 하나님 여호와께서 네게 주신 땅 어느 성읍에서든지 가난한 형제가 너와 함께 거주하거든 그 가난한 형제에게 네 마음을 완악하게 하지 말며 네 손을 움켜 쥐지 말고 8 반드시 네 손을 그에게 펴서 그에게 필요한 대로 쓸 것을 넉넉히 꾸어주라 9 삼가 너는 마음에 악한 생각을 품지 말라 곧 이르기를 일곱째 해 면제년이 가까이 왔다 하고 네 궁핍한 형제를 악한 눈으로 바라보며 아무것도 주지 아니하면 그가 너를 여호와께 호소하리니 그것이 네게 죄가 되리라 10 너는 반드시 그에게 줄 것이요, 줄 때에는 아끼는 마음을 품지 말 것이니라 이로 말미암아 네 하나님 여호와께서 네가 하는 모든 일과 네 손이 닿는 모든 일에 네게 복을 주시리라 11 땅에는 언제든지 가난한 자가 그치지 아니하겠으므로 내가 네게 명령하여 이르노니 너는 반드시 네 땅 안에 네 형제 중 곤란한 자와 궁핍한 자에게 네 손을 펼지니라.

15:1-11. 이스라엘 백성은 7년(안식년)이 되면 빚진 돈을 다 면제해 주어야 한다. 하나님을 믿는 믿음과 사랑에 따라 생활하라는 것이다. 언약의 공동체에 가난한 사람이 있으면 안 된다 (4-5절). 이러한 행위는 이스라엘 백성이 애굽에서 종살이 하던 것을 기억나게 하는 것이다. 그러므로 반드시 가난한 사람을 구제하라 (8, 10, 11절). 악한 마음 때문에 주지 아니하면 네게 죄가 될 수 있다 (9절).

신명기 15:12-18
종을 대우하는 규례

➡ 말씀 속으로 ⬅

"네 동족 히브리 남자나 히브리 여자가 네게 팔렸다 하자." 구약에 있는 것을 보면 히브리인이라고 하더라도 빚을 갚지 못해 자신을 종으로 파는 경우가 있었다 (레 25:39). 가난하기 때문에 부모가 자식을 종으로 파는 경우가 있었다 (느 5:5). 범죄로 인하여 종이 되는 경우가 있었다 (출 22:1-3). 그러나 이들도 안식년이 되면 놓아주어야 하는 법이 있었다. 어떤 경우에는 노동자가 계속 남아서 노동을 하고 싶으면 노동자 자신이 결정을 해야 했고, 그 표시로써 귀를 뚫었다 (17절). 여자도 마찬가지였다.

신명기 15:19-23
처음 난 소와 양의 새끼

➡ 말씀 속으로 ⬅

여기의 처음 난 동물은 목적이 희생제물을 위한 것이지 경제를 목적으로 한 것이 아니다. 그러므로 궁극적으로 한 개인이 처음 난 동물을 소유하고 있는 것이 아니고, 처음 난 동물은 하나님의 것이다. 그러나 처음 난 동물이라고 하더라도 흠이 있는 동물은 하나님 앞에 바칠 수 없기 때문에 거룩한 동물로 간주하지 아니하였다.

신명기와 출애굽기의 법의 차이는 출애굽기에서는 남자 종이 계약이 다 차서 떠나게 된다고 하더라도 아내와 아이들은 주인에게 남겨두고 떠나야 한다. 그러나 신명기에서는 가족이 함께 떠날 수 있다. 출애굽기에서는 여자 노동자는 떠날 수 없는데 신명기에서는 떠날 수 있다.

신명기 16:1-17
넷째 계명과 관련된 규례와 법도
안식일을 지켜 거룩하게 하라

━▶ 주요 메시지

유월절, 칠칠절, 초막절에 관한 규례들은 출애굽기 12:1-20과 레위기 23장에서 상세하게 기록되어 있다. 이 세 절기는 이스라엘 백성이 의무적으로 참여해야 하는 3대 절기였다. 이 세 절기 축제는 음력 초승달과 일 년 동안 농사를 짓는 과정에서 봄, 여름, 가을 계절의 변화와 출애굽 사건을 기억하는 것과 관련되어 있었다. 그리고 이 세 절기는 하나님의 땅에서 거두어들인 소산을 하나님 앞에 가지고 오는 것과 관련되어 있었다 (민 28:16-29:40).

신명기 16:1-8
유월절 (The Feast of Passover)

━▶ 말씀 속으로 ◀━

16:1 아빕월을 지켜 네 하나님 여호와께 유월절을 행하라 이는 아빕월에 네 하나님 여호와께서 밤에 너를 애굽에서 인도하여 내셨음이라 2 여호와께서 자기의 이름을 두시려고 택하신 곳에서 소와 양으로 네 하나님 여호와께 유월절 제사를 드리되 3 유교병을 그것과 함께 먹지 말고 이레 동안은 무교병 곧 고난의 떡을 그것과 함께 먹으라 이는 네가 애굽 땅에서 급히 나왔음이니 이같이 행하여 네 평생에 항상 네가 애굽 땅에서 나온 날을 기억할 것이니라 4 그 이레 동안에는 네 모든 지경 가운데에 누룩이 보이지 않게 할 것이요 또 네가 첫날 해 질 때에 제사 드린 고기를 밤을 지내 아침까지 두지 말 것이며 5 유월절 제사를 네 하나님 여호와께서 네게 주신 각 성에서 드리지 말고 6 오직 네 하나님 여호와께서 자기의 이름을 두시려고 택하신 곳에서 네가 애굽에서 나오던 시각 곧 초저녁 해 질 때에 유월절 제물을 드리고 7 네 하나님 여호와께서 택하신 곳에서 그 고기를 구워 먹고 아침에 네 장막으로 돌아갈 것이니라 8 너는 엿새 동안은 무교병을 먹고 일곱째 날에 네 하나님 여호와 앞에 성회로 모이고 일하지 말지니라.

유월절은 이스라엘 백성이 하나님의 권능으로 애굽의 노예의 신분에서 해방되어 자유의 몸으로 출애굽 한 것을 기억하는 축제이다. 유월절은 하나님께서 애굽 왕 바로에게 내린 열 재앙 가운데 마지막 재앙인 장자를 죽이는 재앙을 내릴 때 하나님의 명령에 따라 양을 잡아 문설주에 피를 바른 이스라엘 백성은 이 재앙에서 건너뛰어 통과했음을 뜻하는 축제이다. 오늘날의 용어를 사용한다면 독립기념일을 축제하는 것이다. 이스라엘 백성은 출애굽 일 년 후부터 유월절 축제를 행하였다 (민 9:1-14).

봄에 오는 유월절은 아빕월에 지키는데, 이것은 양력으로 3월과 4월 사이에 해당한다. 아빕월은 니산월이라고 표현하기도 하는데 니산월은 주로 바벨론 포로생활 이후부터 사용되기 시작한 단어이다. 유월절은 하루만 축제로 지켰다. 이스라엘 백성은 유월절 아빕월 14일 저녁에 시작하여 다음날 15일까지 하루만 축제로 지켰다. 유월절 저녁에 먹는 음식을 "세데르" 혹은 "세더"(seder)라고 한다.

무교절은 15일부터 6일 내지 7일 동안 지켰다. 무교절에는 무교병을 먹었다. "무교병"은 누룩이 들어 있지 아니한 떡인데 고난을 상징한다. 이스라엘 백성은 별안간 애굽을 떠나게 되어 완전히 부풀은 반죽으로 빵을 만들어 먹을 수 없었다. 그래서 이스라엘 백성은 엿새 동안 누룩을 넣지 아니한 무교병을 먹고 일곱째 날 유월절을 지킨다. 무교병을 먹는 이유는 애굽 땅에서 급하게 나오게 된 것을 기억하기 위해서다.

오늘날은 유대력으로 디스리, 즉, 9월/10월에 지키는 욤키퍼(속죄일 또는 나팔절로 알려져 있기도 하다)가 새해로 되어 있지만, 고대 유대력에 따르면, 아빕월(유월절)로부터 새해가 시작되었다. 이것은 출애굽기 12:2에서 하나님께서 "이 달을 너희에게 달의 시작 곧 해의 첫 달이 되게 하고"라고 명하셨기 때문이었다.

신명기 16:9-12
칠칠절 (The Feast of Weeks)

─▶말씀 속으로◀─

16:9 일곱 주를 셀지니 곡식에 낫을 대는 첫 날부터 일곱 주를 세어 10 네 하나님 여호와 앞에 칠칠절을 지키되 네 하나님 여호와께서 네게 복을 주신 대로 네 힘을 헤아려 자원하는 예물을 드리고 11 너와 네 자녀와 노비와 네 성중에 있는 레위인과 및 너희 중에 있는 객과 고아와 과부가 함께 네 하나님 여호와께서 자기의 이름을 두시려고 택하신 곳에서 네 하나님 여호와 앞에서 즐거워할지니라 12 너는 애굽에서 종 되었던 것을 기억하고 이 규례를 지켜 행할지니라.

칠칠절은 유월절/무교절로부터 시작하여 7주 후 50일(양력으로 5월/6월) 되는 날 7일 동안 지키는 여름 축제이다 (레 23:15-22). 즉, 일곱 안식일을 일곱 번 지난 후 다음날 추수한 밀과 보리를 하나님께 감사한 마음으로 드린다고 하여 칠칠절이라고 한다. 칠칠절은 밀을 수확하기 위해 첫 낫을 대는 때부터 7일간 지키는 축제이다. 그래서 칠칠절은 초실절이라고도 하는데, 첫 곡식을 수확하는 뜻에서 초실절이라고 한다. 그리고 칠칠절은 맥추절이라고도 하는데, 밀을 거둔다고 하여 붙인 이름이다 (출 23:16). 애굽의 노예생활에서 식량 부족으로 배를 굶주리던 시절과 광야에서 먹을 것이 없어 하나님께 부르짖던 때를 기억하면서 풍성한 곡식 주심을 하나님께 감사하는 축제이다.

칠칠절을 또한 "오순절"이라고도 한다. 이것은 헬라어 펜타코스트를 그대로 사용하는 것이고, 50일이라는 뜻이다. 오순절은 두 가지 목적이 있었다. 하나는 보리와 밀을 추수한 감사절로 지키는 날이었고, 또 다른 하나는 모세가 시내 산에서 율법을 받은 날을 축제하기 위한 날이었다. 신약의 마가의 다락방에 모였던 사람들이 이 절기 때문에 모인 사람들이었다.

신명기 16:13-17
초막절 (The Feast of Booths/Tabernacle)

━▶ 말씀 속으로 ◀━

16:13 너희 타작 마당과 포도주 틀의 소출을 거두어 들인 후에 이레 동안 초막절을 지킬 것이요 14 절기를 지킬 때에는 너와 네 자녀와 노비와 네 성중에 거주하는 레위인과 객과 고아와 과부가 함께 즐거워하되 15 네 하나님 여호와께서 택하신 곳에서 너는 이레 동안 네 하나님 여호와 앞에서 절기를 지키고 네 하나님 여호와께서 네 모든 소출과 네 손으로 행한 모든 일에 복 주실 것이니 너는 온전히 즐거워할지니라 16 너의 가운데 모든 남자는 일 년에 세 번 곧 무교절과 칠칠절과 초막절에 네 하나님 여호와께서 택하신 곳에서 여호와를 뵈옵되 빈손으로 여호와를 뵈옵지 말고 17 각 사람이 네 하나님 여호와께서 주신 복을 따라 그 힘대로 드릴지니라.

초막절은 "장막절" 또는 "수장절"(출 23:16)이라고 부르기도 하는데 양력으로 9/10월에 지키는 가을 축제이다. 한국의 추석과 같은 시기이다. 초막절에는 올리브, 무화과 포도 등을 가을에 거두어들인다. 이 점을 착안하여 가을에 거두어들이고 (거둘 수) 겨울을 위하여 저장(감출 장)하는 절기라는 뜻으로 수장절로 번역하였다. 초막절은 또한 광야생활 동안 사용한 장막을 기억하는 "장막절"이라고 하기도 하는데 (민 29:12-13), 이렇게 이름을 지은 것은 그 축제 동안에 야외에서 잠을 자기 위해 베어낸 작은 나뭇가지들을 가지고 엉성한 초막을 짓기 때문이다. 초막절은 이스라엘 백성이 광야시대를 기억하는 절기이다. 초막절은 여름철을 끝내기 위해 지킨 절기였다. 자세한 내용은 레위기 23:33-43에 기록되어 있다.

그래서 언어적인 차원에서 수장절은 추수감사의 의미가 강하고, 초막절은 출애굽을 이루신 하나님의 역사를 기억하면서 가난하고 약한 이들과 함께 잔치하는 나눔의 의미가 강하고, 장막절은 예배 드리는 제사의 의미가 강하다.

III 부

신명기 16:18-26:19
모세의 네 번째 설교

신명기 16:18-22
다섯째 계명과 관련된 규례와 법도
네 부모를 공경하라

━▶ 말씀 속으로 ◀━

모세는 네 번째 설교에서 규례와 법도를 후손에게 가르치는 것을 강조한다. 공동체 제사(예배)를 위한 질서와 사회 질서와 평화를 유지하기 위하여 모세는 지도자들을 세운다. 재판장, 왕, 제사장, 선지자가 그 대표적인 지도자들이다. 신명기에서는 사회 질서를 위하여 부모를 공경해야 할 뿐만 아니라, 지도자들도 부모처럼 공경하도록 되어 있다.

16:18-22. 이스라엘 공동체의 질서를 유지하기 위한 지도자들로 재판장, 제사장, 선지자, 왕 가운데, 이 부분에서는 재판장을 지도자로 소개한다.

약속의 땅에서 평화스러운 삶을 살려면 사회 질서를 잡아주는 좋은 제도가 있어야 한다. 이스라엘 재판은 성문에서 진행되었다 (17:5). 좀 더 복잡한 문제는 제사장이나 재판장에게 가지고 갔다 (17:8-13). 재판장은 "공의"로 재판해야 한다. 외모로 문제를 보아서는 안 된다. 뇌물을 받지 말아야 한다. 공의만 따라야 한다. 신명기에서 공정한 재판을 거부하는 것은 우상을 섬기는 죄와 같은 행위이었다.

16:21-22. 가나안의 아세라 상과 주상(바알 우상의 기념비)은 어떤 형태로든지 세우면 안 되었다. 아세라는 아낫과 아스다롯과 함께 성(sex)과 다산을 주관하는 여신이었다.

신명기 17:1-13
무엇이 잘못된 예배인가?

━━▶말씀 속으로◀━━

17:1 흠이나 악질이 있는 소와 양은 아무것도 네 하나님 여호와께 드리지 말지니 이는 네 하나님 여호와께 가증한 것이 됨이니라 2 네 하나님 여호와께서 네게 주시는 어느 성중에서든지 너희 가운데에 어떤 남자나 여자가 네 하나님 여호와의 목전에 악을 행하여 그 언약을 어기고 3 가서 다른 신들을 섬겨 그것에게 절하며 내가 명령하지 아니한 일월성신에게 절한다 하자 4 그것이 네게 알려지므로 네가 듣거든 자세히 조사해 볼지니 만일 그 일과 말이 확실하여 이스라엘 중에 이런 가증한 일을 행함이 있으면 5 너는 그 악을 행한 남자나 여자를 네 성문으로 끌어내고 그 남자나 여자를 돌로 쳐죽이되 6 죽일 자를 두 사람이나 세 사람의 증언으로 죽일 것이요 한 사람의 증언으로는 죽이지 말 것이며 7 이런 자를 죽이기 위하여는 증인이 먼저 그에게 손을 댄 후에 뭇 백성이 손을 댈지니라 너는 이와 같이 하여 너희 중에서 악을 제할지니라 8 네 성중에서 서로 피를 흘렸거나 다투었거나 구타하였거나 서로 간에 고소하여 네가 판결하기 어려운 일이 생기거든 너는 일어나 네 하나님 여호와께서 택하실 곳으로 올라가서 9 레위 사람 제사장과 당시 재판장에게 나아가서 물으라 그리하면 그들이 어떻게 판결할지를 네게 가르치리니 10 여호와께서 택하신 곳에서 그들이 네게 보이는 판결의 뜻대로 네가 행하되 그들이 네게 가르치는 대로 삼가 행할 것이니 11 곧 그들이 네게 가르치는 율법의 뜻대로, 그들이 네게 말하는 판결대로 행할 것이요 그들이 네게 보이는 판결을 어겨 좌로나 우로나 치우치지 말 것이니라 12 사람이 만일 무법하게 행하고 네 하나님 여호와 앞에 서서 섬기는 제사장이나 재판장에게 듣지 아니하거든 그 사람을 죽여 이스라엘 중에서 악을 제하여 버리라 13 그리하면 온 백성이 듣고 두려워하여 다시는 무법하게 행하지 아니하리라.

지도자들의 책임 가운데 하나는 안식일을 거룩하게 지키게 하는 것이다. 모세는 잘못된 예배에 관한 예들을 1-13절에서 나열한다. 한 사람이 다른 신을 섬기는 잘못을 저지르면, 회중의 지도자들은 잘잘못을 철저하게 조사하여야 한다. 그리고 우상숭배 사실이 분명하면 이것은 가증한 일이기에 성문 밖으로 끌어내어 돌로 쳐죽여야 한다. 다투거나 구타하는 일이 생겨 잘잘못을 판단하기 힘들면, 제사장과 재판장에게 물으면 된다. 그리고 제사장이나 재판장의 말을 듣지 아니하는 사람은 죽음을 당한다.

17:1. 흠이나 악질(눈에 잘 띄지 않는 결함)이 있는 소와 양으로 제사를 드리면 안 된다. 이것은 하나님께 가증한 것이다. "가증한 것"은 지독히 미워한다는 뜻이다. 가증하다는 표현은 우상숭배와 신성모독과 관련하여 사용한다.

17:2-7. "일월성신"(해, 달, 하늘의 모든 천체)에게 절하는 행위는 우상을 섬기는 행위이며, 우상을 섬기는 죄는 남녀를 막론해서 성문 밖으로 끌어내어 돌로 쳐죽여야 한다. 이것은 십계명의 첫째 계명을 어기는 행위이기 때문이다. 그러나 우상숭배 때문에 돌로 쳐죽이려면 두세 사람의 증인이 있어야 하고, 처형할 때는 증인들이 먼저 돌로 쳐야 한다. 증인으로서의 책임을 다한다는 뜻이다.

17:8-13. 지방 재판장들이 판단하기 어려운 범죄는 성소에 있는 제사장이나 재판장이 판정할 수 있다. 그들의 판정은 절대적이다. 이 판정에 불복하면 죽음에 처했다.

신명기 17:14-20
이스라엘의 왕

➡ 말씀 속으로 ⬅

가나안 땅에 들어가기 위하여 요단 동쪽에 진을 치고 있던 이스라엘 백성에게는 아직 왕 제도가 없었다. 사무엘 후반기에 가서 왕 제도가 생겼다. 그러나 모세는 이스라엘 백성이 가나안 땅에 정착한 후 주변 국가들의 왕정 제도를 보고 "우리 주위의 모든 민족들 같이 우리 위에 왕을 세워야겠다는 생각이 나거든"(17:14) 참작해야 할 규례를 선포한다. 즉, 모세는 이스라엘 백성이 왕을 세울 것을 예언하고 있다.

17:15-20. 모세는 왕을 세우게 될 때에 네 가지 사실을 명심하라고 명령한다.

(1) 유대인이어야 하고, 하나님이 택하신 자를 왕으로 세워야 한다. 왕은 하나님의 대리자임을 뜻한다.

(2) 병마를 많이 두지 말아야 한다. 이스라엘에는 좋은 병마가 없었기 때문에 다른 나라에서 말을 수입해 와야 했다. 그러다 보면 다른 문화 풍습도 들어오게 된다.

(3) 많은 아내를 두지 말라고 한다. 하나님께 의존하기 보다는 외국인 아내를 맞이하여 정치적인 동맹에 의존하여 나라의 안정을 지키려 하기 때문이다.

(4) 자신을 위하여 은금을 많이 쌓지 말라. 이기적인 목적으로 재물을 쌓게 되면 국민에게 세금을 많이 요구하기 때문이다.

(5) 율법책을 평생 읽어야 한다. 가장 이상적인 왕은 율법을 공부할 뿐만 아니라 율법을 실천하는 왕이다 (18-20절). 이러한 왕은 "내 능력과 내 손의 힘으로 내가 이 재물을 얻었다"(8:17)고 말하지 아니할 것이다.

(6) 하나님 여호와 경외하기를 배워야 한다.

(7) 율법의 모든 말과 이 규례를 지켜 행하여야 한다.

왕정 제도는 이스라엘 초창기부터 있던 제도는 아니다. 왕정 제도는 사무엘 후반기 때 생긴 제도이다.

▶생활 속으로

☼ 하나님께 바칠 때는 최선의 것을 바치라고 하는데, 나는 무엇을 최선의 것으로 생각하며 바치고 있는가?

☼ 구약에는 잘못된 행동의 결과로 삼 대까지도 벌을 받게 된다는 표현이 자주 나오는데, 용서하시는 하나님의 개념을 어떻게 이해하여야 할까?

신명기 18:1-8
제사장과 레위 사람의 몫

━━▶ 말씀 속으로 ◀━━

18:1 레위 사람 제사장과 레위의 온 지파는 이스라엘 중에 분깃도 없고 기업도 없을지니 그들은 여호와의 화제물과 그 기업을 먹을 것이라 2 그들이 그들의 형제 중에서 기업을 가지지 않을 것은 여호와께서 그들의 기업이 되심이니 그들에게 말씀하심 같으니라 3 제사장이 백성에게서 받을 몫은 이러하니 곧 그 드리는 제물의 소나 양이나 그 앞다리와 두 볼과 위라 이것을 제사장에게 줄 것이요 4 또 네가 처음 거둔 곡식과 포도주와 기름과 네가 처음 깎은 양털을 네가 그에게 줄 것이니 5 이는 네 하나님 여호와께서 네 모든 지파 중에서 그를 택하여 내시고 그와 그의 자손에게 항상 여호와의 이름으로 서서 섬기게 하셨음이니라 6 이스라엘 온 땅 어떤 성읍에든지 거주하는 레위인이 간절한 소원이 있어 그가 사는 곳을 떠날지라도 여호와께서 택하신 곳에 이르면 7 여호와 앞에 선 그의 모든 형제 레위인과 같이 그의 하나님 여호와의 이름으로 섬길 수 있나니 8 그 사람의 몫은 그들과 같을 것이요 그가 조상의 것을 판 것은 별도의 소유이니라.

18장은 제사장 제도를 생각하며 전개하는 내용이다. 이스라엘 백성이 광야에서 금송아지를 숭배한 이후, 백성을 영적으로 지도하기 위하여 성막을 중심으로 하여 제사를 인도할 제사장을 구별하여 세웠다. 그러나 레위인들 가운데 아론의 자손들만이 제사장이 될 수 있었다 (출 40:12-16). 다른 레위인들은 이스라엘 성읍들에 흩어져 살면서 제사장 보조 역할을 했다 (수 21장). 레위인들은 땅을 기업으로 차지할 수 없었으나 자기들이 살고 싶은 고장에서 살 수 있었다. 그러므로 헌금은 하나님께 드리는 것일 뿐만 아니라 땅이 없는 레위인들을 먹여살리기 위한 수단이기도 했다.

18:3. "응식"(due)은 백성으로부터 취할 수 있는 정당한 몫을 뜻한다. 그러나 레위인이라고 하더라도 정당한 몫 이상의 것을 요구할 수 없었다.

신명기 18:9-22
하나님의 뜻을 헤아리는 선지자

━▶ 말씀 속으로 ◀━

18:9 네 하나님 여호와께서 네게 주시는 땅에 들어가거든 너는 그 민족들의 가증한 행위를 본받지 말 것이니 10 그의 아들이나 딸을 불 가운데로 지나게 하는 자나 점쟁이나 길흉을 말하는 자나 요술하는 자나 무당이나 11 진언자나 신접자나 박수나 초혼자를 너희 가운데에 용납하지 말라 12 이런 일을 행하는 모든 자를 여호와께서 가증히 여기시나니 이런 가증한 일로 말미암아 네 하나님 여호와께서 그들을 네 앞에서 쫓아내시느니라 13 너는 네 하나님 여호와 앞에서 완전하라 14 네가 쫓아낼 이 민족들은 길흉을 말하는 자나 점쟁이의 말을 듣거니와 네게는 네 하나님 여호와께서 이런 일을 용납하지 아니하시느니라 15 네 하나님 여호와께서 너희 가운데 네 형제 중에서 너를 위하여 나와 같은 선지자 하나를 일으키시리니 너희는 그의 말을 들을지니라 16 이것이 곧 네가 총회의 날에 호렙 산에서 네 하나님 여호와께 구한 것이라 곧 네가 말하기를 내가 다시는 내 하나님 여호와의 음성을 듣지 않게 하시고 다시는 이 큰 불을 보지 않게 하소서 두렵건대 내가 죽을까 하나이다 하매 17 여호와께서 내게 이르시되 그들의 말이 옳도다 18 내가 그들의 형제 중에서 너와 같은 선지자 하나를 그들을 위하여 일으키고 내 말을 그 입에 두리니 내가 그에게 명령하는 것을 그가 무리에게 다 말하리라 19 누구든지 내 이름으로 전하는 내 말을 듣지 아니하는 자는 내게 벌을 받을 것이요 20 만일 어떤 선지자가 내가 전하라고 명령하지 아니한 말을 제 마음대로 내 이름으로 전하든지 다른 신들의 이름으로 말하면 그 선지자는 죽임을 당하리라 하셨느니라 21 네가 마음속으로 이르기를 그 말이 여호와께서 이르신 말씀인지 우리가 어떻게 알리요 하리라 22 만일 선지자가 있어 여호와의 이름으로 말한 일에 증험도 없고 성취함도 없으면 이는 여호와께서 말씀하신 것이 아니요 그 선지자가 제 마음대로 한 말이니 너는 그를 두려워하지 말지니라.

이 부분은 공동체를 위하여 하나님의 뜻을 헤아리고 그 뜻을 백성에게 알려 주는 선지자에 대하여 말하는 것이다.

18:13-14. 모든 영적인 삶은 하나님의 계시된 말씀에 근거해서 이해되어야 한다.

18:15-22. 거짓 선지자와 참 선지자를 어떻게 분간할 수 있는가? 선지자는 하나님과 백성 사이에서 중개자 역할을 하는 사람이고 "모세와 같은" 자가 선지자이다 (34:10). 이스라엘 백성은 모세를 선지자의 모델로 생각했다.

선지자는 하나님의 부르심을 받은 사람이고, 하나님께서 명령하시는 것만을 하나님의 이름으로 전하는 사람이다 (18-19절).

거짓 선지자는 다른 신에 대하여 말한다 (20절).

거짓 선지자는 자신의 의견을 말하는 사람이다 (20절).

여호와의 이름으로 일어날 사실에 대하여 말한 것에 증험도 없고 성취함도 없으면 참된 선지자가 아니다 (22절).

이스라엘의 선지자들은 과거에 일어난 역사에 근거하여 하나님 앞에 선 자신을 철저하게 점검하고 현재를 어떻게 살아야 하고, 미래를 어떻게 준비해야 한다고 말한 사람들이다.

모세는 구체적으로 선지자들은 하나님이 싫어하시는 가증한 행위들을 백성에게 경고할 것을 지시한다. 가나안 사람들이 행하는 아들이나 딸을 불에 태워 신에게 바치는 행위, 점치는 행위, 길흉을 말하는 행위 (점쟁이), 요술하는 행위 (징조를 보이는 행위), 무당, 진언자 (주문을 외워 마법을 거는 행위), 신접자 박수 (귀신을 불러 물어보는 행위), 초혼자 용납(죽은 사람의 혼에게 물어보는 행위)하는 가증한 행위들을 본받지 말라고 한다.

이러한 행위들은 다 하나님이 싫어하시는 행위들이다. 왜냐하면, 이것들은 모두 우상숭배와 관련된 행위들이기 때문이다.

━▶ 생활 속으로

☆ 내 주변에서 흔히 볼 수 있는 우상숭배는 무엇인가?
☆ 하나님 앞에 서 있는 자신을 점검하는 것은 무슨 뜻인가?

신명기 19:1-13
여섯째 계명과 관련된 규례와 법도
살인하지 말지니라

━━▶말씀 속으로◀━━

19:1 네 하나님 여호와께서 이 여러 민족을 멸절하시고 네 하나님 여호와께서 그 땅을 네게 주시므로 네가 그것을 받고 그들의 성읍과 가옥에 거주할 때에 2 네 하나님 여호와께서 네게 기업으로 주신 땅 가운데에서 세 성읍을 너를 위하여 구별하고 3 네 하나님 여호와께서 네게 기업으로 주시는 땅 전체를 세 구역으로 나누어 길을 닦고 모든 살인자를 그 성읍으로 도피하게 하라 4 살인자가 그리로 도피하여 살 만한 경우는 이러하니 곧 누구든지 본래 원한이 없이 부지중에 그의 이웃을 죽인 일, 5 가령 사람이 그 이웃과 함께 벌목하러 삼림에 들어가서 손에 도끼를 들고 벌목하려고 찍을 때에 도끼가 자루에서 빠져 그의 이웃을 맞춰 그를 죽게 함과 같은 것이라 이런 사람은 그 성읍 중 하나로 도피하여 생명을 보존할 것이니라 6 그 사람이 그에게 본래 원한이 없으니 죽이기에 합당하지 아니하나 두렵건대 그 피를 보복하는 자의 마음이 복수심에 불타서 살인자를 뒤쫓는데 그 가는 길이 멀면 그를 따라 잡아 죽일까 하노라 7 그러므로 내가 네게 명령하기를 세 성읍을 너를 위하여 구별하라 하노라 8 네 하나님 여호와께서 네 조상들에게 맹세하신 대로 네 지경을 넓혀 네 조상들에게 주리라고 말씀하신 땅을 다 네게 주실 때 9 또 너희가 오늘 내가 너희에게 명하는 이 모든 명령을 지켜 행하여 네 하나님 여호와를 사랑하고 항상 그의 길로 행할 때에는 이 셋 외에 세 성읍을 더하여 10 네 하나님 여호와께서 네게 기업으로 주시는 땅에서 무죄한 피를 흘리지 말라 이같이 하면 그의 피가 네게로 돌아가지 아니하리라 11 그러나 만일 어떤 사람이 그의 이웃을 미워하여 엎드려 그를 기다리다가 일어나 상처를 입혀 죽게 하고 이 한 성읍으로 도피하면 12 그 본 성읍 장로들이 사람을 보내어 그를 거기서 잡아다가 보복자의 손에 넘겨 죽이게 할 것이라 13 네 눈이 그를 긍휼히 여기지 말고 무죄한 피를 흘린 죄를 이스라엘에서 제하라 그리하면 네게 복이 있으리라.

도피성 제도는 살인하지 말라는 계명을 신실하게 지키며 생활하는 가운데에서 부지중에 실수로 살인하게 되는 판례법에 관한 것이다. 도피성 제도는 실수로 생긴 살인으로 인하여 보복당할 가능성이 있는 피고인을 보호하려는 제도이다 (민 35:9-25; 수 20:1-9).

다른 사람을 죽이는 일에서 제일 중요한 관심사는 그것이 고의적으로 행한 것이었나, 아니면 부지중에 실수로 일어난 것이었나를 구별하는 것이다. 그 구별하는 것은 출애굽기 21:12-14에 언급되어 있다.

도피성 세 성읍은 요단 동쪽 르우벤 지파를 위한 베셀, 갓 지파를 위한 길르앗 라못, 므낫세 지파를 위한 바산 골란에 있었다 (4:41-43). 다른 세 곳은 후에 이스라엘 백성이 요단 서쪽 가나안에 들어가서 납달리 산지의 갈릴리 게데스, 에브라임 산지의 세겜, 그리고 유다 산지의 기럇 아르바 곧 헤브론이었다 (수 20:7).

19:4-10. 부지중에 사람을 죽이게 되는 예를 든다.
- 본래 원한 없이 부지중에 그의 이웃을 죽인 일.
- 이웃과 함께 벌목하러 삼림에 들어가서 손에 도끼를 들고 벌목하려고 찍을 때에 도끼가 자루에서 빠져 그의 이웃을 맞춰 그를 죽게 하는 일.

이러한 사람들을 보호하기 위하여 도피성을 정하여 피하도록 도와준다. 도피성은 사랑과 자비의 하나님을 강조하는 것이다.

19:11-13. 그러나 어떤 사람이 의도적으로 사람을 살해한 후 도피성으로 피하면, 그를 거기서 잡아다가 보복자의 손에 넘겨 죽이게 한다. 하나님의 형상으로 지음을 받은 인간의 생명을 의도적으로 해치는 것은 하나님께 도전하는 것이기 때문이다.

➡생활 속으로

☼ 사형제도를 어떻게 생각하는가?
☼ 낙태, 120살 먹은 식물인간을 편안하게 잠재워 주는 것과 전쟁 등은 살인인가? 아닌가? 왜 그렇게 생각하는가?

신명기 19:14-21
아홉째 계명과 관련된 규례와 법도
네 이웃에 대하여 거짓 증거하지 말지니라

▶ 말씀 속으로 ◀

19:14 네 하나님 여호와께서 네게 주어 차지하게 하시는 땅 곧 네 소유가 된 기업의 땅에서 조상이 정한 네 이웃의 경계표를 옮기지 말지니라 15 사람의 모든 악에 관하여 또한 모든 죄에 관하여는 한 증인으로만 정할 것이 아니요 두 증인의 입으로나 또는 세 증인의 입으로 그 사건을 확정할 것이며 16 만일 위증하는 자가 있어 어떤 사람이 악을 행하였다고 말하면 17 그 논쟁하는 쌍방이 같이 하나님 앞에 나아가 그 당시의 제사장과 재판장 앞에 설 것이요 18 재판장은 자세히 조사하여 그 증인이 거짓 증거하여 그 형제를 거짓으로 모함한 것이 판명되면 19 그가 그의 형제에게 행하려고 꾀한 그대로 그에게 행하여 너희 중에서 악을 제하라 20 그리하면 그 남은 자들이 듣고 두려워하여 다시는 그런 악을 너희 중에서 행하지 아니하리라 21 네 눈이 긍휼히 여기지 말라 생명에는 생명으로, 눈에는 눈으로, 이에는 이로, 손에는 손으로, 발에는 발로이니라.

아홉 번째 계명은 사회 질서를 유지하는 데 있어서 정의 과정을 보호하는 것이다. 경계표를 옮기는 행위는 땅을 훔치는 행동이기는 하지만 증명하기가 어려운 것 가운데 하나이다. 그러므로 두세 증인이 그 사건을 확정한 후 재판장은 그 범죄를 다루어야 한다.

19:19-20. 거짓 증언은 사법을 위협하는 행위이다.

19:21. 동해복수법(lex talionis, 레 24:17-22; 출 21:22-27)이다. "생명에는 생명으로, 눈에는 눈으로, 이에는 이로, 손에는 손으로, 발에는 발로"를 동해복수법이라고 한다. 이 법은 보복을 방지하고 정의를 회복하기 위한 수단이었다. 즉, 더도 아니고 덜도 아닌 범죄에 합당한 처벌로 생각했다. 이스라엘의 정의는 개인에 의해 판단되는 것이 아니라 공동체가 판단하는 것이다. 그리고 모든 것은 공정하게 행해져야 한다.

신명기 20:1-20
여섯째 계명과 관련된 규례와 법도
살인하지 말지니라

➡️말씀 속으로⬅️

20:1-9. 약속의 땅에 정착하는 과정에서 이스라엘 백성은 그 곳 원주민과 전쟁을 하게 될 것이다. 전쟁에서 사람을 죽이는 행위가 십계명에서 "살인하지 말지니라"는 계명을 어기는 행위인가?

신명기에서 하나님이 함께하시는 전쟁은 살인으로 생각하지 아니한다. 구약성경은 하나님이 함께하시는 전쟁을 거룩한 전쟁으로 생각한다. "너희 하나님 여호와는 너희와 함께 행하시며 너희를 위하여 너희 적군과 싸우시고 구원하실 것이며" (20:4).

20:1-9. 그러므로 이스라엘은 하나님이 함께하시는 전쟁에 임하게 되면 더 많은 무기를 두려워하지 말아야 한다. 애굽의 병거를 무찌른 하나님이 그들과 함께하시기 때문이다. 하나님께서 직접 대적과 싸우시기 때문이다. 하나님께서 구원하시기 때문이다.

20:5-9. 이스라엘은 하나님께 충성하는 소수의 병사만 있으면 된다. 하나님께 집중하지 못하고 마음이 산만한 사람들은 군복무에서 제외시켜도 된다. 그러나 아래와 같은 사람들을 군복무에서 제외시키는 가장 큰 이유는 이스라엘의 미래의 국력이 전쟁으로 인하여 흔들리지 않도록 막으려는 의도요 사회의 가장 기본 단위인 가정이 제대로 기능을 할 수 있도록 보호하려는 데 있다.

- 집을 짓는 일로 마음이 산만한 병사는 집으로 보내라.
- 근래에 포도원을 산 사람이 있으면 보내라.
- 약혼한 사람이 있으면 집으로 보내라.
- 마음이 허약한 자가 있으면 집으로 보내라.

20:10-15. 아무리 정당한 전쟁이라고 하더라도 전쟁을 하는 동안에는 인명 피해가 생기는 것만은 사실이다. 그러므로 이스라엘이 어떤 성읍을 치려할 때, 화평을 먼저 선언한 후 평화스럽게 살기를 원하면 조공을 바치고 이스라엘을 섬기게 하면 된다. 그러나 만일 화평하기를 거부하고 이스라엘을 대적하여 싸우려 하면 모든 남자를 다 쳐죽여도 된다. 성읍 안에 있는 여자들과 유아들과 가축들과 성읍 가운데에 있는 모든 것을 탈취물(전리품)로 가져도 된다.

20:16-18. 하나님께서 기업으로 약속하신 땅에 사는 큰 성읍의 사람들은 하나도 살리지 말아야 한다. 모세의 생각에 그 성읍들은 이스라엘의 믿음의 조상들 아브라함, 이삭, 야곱이 살던 성읍들이다. 즉, 그 성읍들을 헷 족속과 아모리 족속과 가나안 족속과 브리스 족속과 히위 족속과 여부스 족속이 차지하고 있는데 이들은 거룩한 전쟁의 대상이니 진멸해도 된다. 그러나 오늘날 국제법은 이것을 금한다.

20:19-20. 이 부분은 전쟁으로 인하여 땅이 오염되어 황폐해지는 것을 보호하는 법이다. 어떤 성읍을 오랫동안 에워싸고 그 성읍을 쳐서 점령하려 할 때 도끼를 둘러 그 곳의 나무를 찍어내지 말고, 과목이 아닌 수목만 찍어내라고 한다. 전쟁으로 인하여 자연이 파괴되지 아니하도록 노력하는 한 단면을 보여준다.

➡ 생활 속으로

☼ 인류 역사에서 전쟁은 항상 끊이지 않고 일어났다. 전쟁이 일어나는 가장 큰 이유가 무엇 때문이라고 생각하는가?
☼ 나의 심성은 호전주의를 선호하는가 아니면 평화주의를 선호하는가?
☼ 내가 남과 다투게 될 때, 무엇 때문에 다투게 되는가?
☼ 나는 범죄와 관련된 사람을 보복하는 것이 옳다고 생각하는가? 왜 그렇게 생각하는가?

신명기 21:1 – 22:12
죽음과 관련된 기타 규례와 법도

━━▶ 말씀 속으로 ◀━━

21:1-9. 피살된 무명의 시체가 발견되면 그 시체로부터 가장 가까운 곳에 있는 장로들과 재판장들이 장례를 치를 책임이 있다. 그들은 피 흘린 죄를 씻는 예식으로 멍에를 메지 아니한 암송아지의 목을 꺾어 예식을 진행한다. 그들은 "우리의 손이 이 피를 흘리지 아니하였고 우리의 눈이 이것을 보지도 못하였나이다 여호와 주께서 속량하신 주의 백성 이스라엘을 사하시고 무죄한 피를 주의 백성 이스라엘 중에 머물러 두지 마옵소서"라고 말하면 그 피 흘린 죄가 사함을 받는다.

21:10-17. 무조건 멸살시켜야 하는 가나안 일곱 성읍을 제외하고 다른 성읍들과 전쟁을 하게 되는 경우 결혼한 여자가 포로로 잡혀온다고 해도 노예로 팔아서는 안 된다. 그 포로 가운데 아리따운 여자를 아내로 삼고 싶으면, 그녀의 머리를 밀고 손톱을 깎고 포로의 의복을 벗고 한 달 동안 애곡한 후에 아내로 받아들이면 된다. 그리고 포로로 잡혀온 여자와 한 달 동안은 성관계를 가지면 아니된다. 그 후에 그 여자가 마음에 들지 아니하면 여자 마음대로 가게 하고 결코 돈을 받고 노예로 팔면 안 된다.

21:15-17. 어떤 사람에게 두 아내가 있는데 한 아내는 사랑하고 다른 아내는 사랑하지 아니한다고 하더라도 사랑하지 아니하는 아내에게서 난 장남이 있으면 그 장자가 상속권을 가져야 한다. 장자의 권리를 강조하는 것이다.

21:18-23. 패역한 아들에게 내리는 벌. 패역한 아들이 부모의 말을 듣지 않으면 성읍 장로에게 데려가 선처를 요구할 수 있다. 그래도 말을 듣지 아니하면 성읍의 모든 사람이 그를 돌로 쳐죽여도 된다. 중범죄자들의 시체는 경고

용으로 나무에 달 수 있다. 그러나 그 시체는 당일 저녁이 되기 전에 끌어내려야 한다. 그래서 예수님의 시체도 저녁이 되기 전에 끌어내려 장사지내게 된 것이다.

22:1-4. 이것은 "네 이웃 사랑하기를 네 자신과 같이 사랑하라"(레 19:18)에 관한 계명에 관한 것이다. 형제의 소나 양이 길 잃은 것을 보거든 못 본 체하지 말고 너는 반드시 그것들을 끌어다가 네 형제에게 돌려야 한다. 또한 그 동물들이 누구의 것들인지 알지 못하거든 형제가 찾기까지 네게 두었다가 그에게 돌려 주어라. 공동체의 구성원은 다른 사람의 재산을 보호할 의무가 있다.

22:3. "나귀라도"는 모든 생명체를 포함하는 말이고, "의복이라도"는 생명이 없는 것을 포함하는 말이다.

22:5-12. 여자는 남자의 의복을 입지 말고, 남자는 여자의 의복을 입지 말아야 한다. 이것은 남자와 여자가 다르다는 사실에 대하여 혼돈하지 말라는 것이다.

22:6-8. 새와 동물을 보호해 주어야 한다. 특히 새와 동물의 어미를 보호해 주어야 한다. 어미와 새끼를 동시에 잡지 말라. 생명을 유지하기 위하여 어미는 반드시 놓아 주어야 한다. 새 집을 지을 때에 지붕에 난간을 만들어 사람이 떨어지지 않게 하라.

22:9-10. 두 종자를 섞어서 파종하지 말아야 하고, 그것에서 얻은 열매는 성전에 바치는 성물이 될 수 없다.

22:11-12. 하나님의 백성임을 나타내기 위하여 양 털과 베 실로 섞어 짠 것을 입지 말아야 한다. 너희가 입는 겉옷의 네 귀에 술을 만들어라.

➡ 생활 속으로

☼ 성경이 쓰여질 당시의 상황과 오늘의 상황이 너무 다르기 때문에 실천하기가 어렵다고 생각되는 내용들을 서로 나누어 보자 (예: 일부다처주의, 정한 음식과 부정한 음식 등).

신명기 22:13 – 23:18
일곱째 계명과 관련된 규례와 법도
간음하지 말지니라

━━▶ 말씀 속으로 ◀━━

22:13-30. 이 부분은 간음하지 말라는 일곱째 계명과 관련된 것이다. 특히 아내의 처녀성을 언급하면서 성관계의 고상함을 강조한다. 성관계를 보호하는 것은 공동체의 질서를 유지하기 위한 것일 뿐만 아니라, 하나님의 거룩한 백성임을 말해 주는 것으로 생각했다.

이스라엘 백성은 하나님께 신실해야 하듯 부부 간에도 신실해야 한다. 특히 남편은 아내를 잘 보살펴야 한다. 고대 이스라엘 역사에서 결혼을 성스럽게 유지하는 과정이 상당히 까다로웠던 것 같다. 남자가 결혼한 후 자기 부인이 처녀가 아니라고 비방하면 부인의 부모가 자기 딸이 처녀임을 증명해 주어야 한다. 부모가 그녀의 처녀성을 증명하지 못하면 돌로 쳐죽인다. 이것은 대부분의 경우 여자가 월경을 하지 아니할 때 남자들이 제기하는 문제들이었고, 아내가 미워서 비방거리로 제기하는 문제였다.

이 때 처녀의 부모가 처녀의 표적을 입증하면 그 성읍 장로들은 그 남자를 때리고, 그 남편에게서 은 일백 세겔을 벌금으로 받고, 평생에 아내를 버릴 수 없었다. 그러나 아내의 처녀의 표적을 입증하지 못하면 아버지 집 문에서 끌어내어 그 성읍 사람들이 돌로 쳐죽였다.

22:22-30. 남자가 유부녀와 성관계를 맺어 간음하면 둘 다 죽인다. 만약에 약혼한 여자가 다른 남자와 성관계를 맺으면 둘 다 죽인다. 그러나 남자가 어떤 약혼한 여자를 강간하면, 남자만 죽인다. 남자가 약혼하지 않는 처녀를 건드릴 경우, 처녀의 아버지에게 은 오십 세겔을 주고, 처녀를 아내로 삼는다.

23:1-8. 이스라엘은 세상에 영향을 미칠 백성이기 때문에 하나님으로부터 구별된 거룩함을 지켜야 한다. 신명기에 제정된 규례들은 하나님과 언약관계에 있는 모든 사람에게 적용되기 때문에 공동체의 기준이 필요하다.

고환(유녹)이나 음경이 잘린 자는 총회(제사 의식이나 절기 축제를 위하여 모인 주님의 회중이라는 뜻)에 참여할 수 없다 (레 21:17-23). 사생자(비합리적인 성관계로 생긴 자녀와 이방인에게서 난 자녀)도 총회에 들어오지 못한다. 이것은 이스라엘 사람과 이방인 간의 결혼을 방지하기 위한 규례이기도 하다. 강간 때문에 생긴 경우이고, 공동체의 질서에서 벗어난 생명의 표시이기 때문이다. 암몬족과 모압족도 총회에 들어오지 못한다. 그러나 에돔 사람과 애굽 사람은 허락된다. 에돔 사람은 형제이고, 애굽 사람은 신세진 사람이기 때문이다.

23:9-18. 개인은 부정하게 만들 가능성이 있는 모든 것은 피하여야 한다. 몽설(잠을 자다가 성적인 쾌감을 얻어 사정을 하는 것)을 할 경우 그 사람을 진영 밖으로 내보낸 후 해 질 때 목욕하고 해 진 후에 진에 들어오게 한다. 이 절차는 자원해서 하는 것이고 도덕적으로나 영적인 잘못을 말하는 것이 아니다.

진영 밖에 화장실로 사용할 장소를 정해 놓아야 한다. 대변을 본 후에는 그 대변을 삽으로 묻어야 한다. 이것은 진영을 거룩하게 하기 위함이다.

23:15-18. 종이 주인을 피하여 네게로 도망하거든 그를 압제하지 말고 보호하여 주라. 이방인을 보호하기 위한 규례와 관련되어 있다 (출 22:21).

창기와 남창이 번 돈은 여호와의 전에 가져오지 못한다. 대부분 이러한 경우는 바알 신전을 중심으로 한 창기와 남창과 관련되어 있었다. 이러한 돈은 하나님 여호와께 가증한 것이다.

신명기 23:19-24:7
여덟째 계명과 관련된 규례와 법도
도둑질하지 말지니라

━━▶ 말씀 속으로 ◀━━

23:19-20. 이스라엘 백성의 가치관도 독특해야 한다. 형제에게 돈을 꾸어주고 이자를 받으면, 도둑질하는 경우와 같다 (15:1-11; 28:12, 44; 출 22:25). 그러나 타국인에게는 돈을 꾸어주고 이자를 받아도 된다.

23:21-23. 하나님께 서원한 것은 그대로 실행하여야 한다. 그것은 하나님과 언약을 맺은 것이기 때문이다.

23:24-25. 배가 고프면 이웃의 포도원에 들어가 마음대로 그 포도를 배불리 먹을 수는 있어도 그 포도를 그릇에 담아 가지고 올 수는 없다. 마찬가지로 배고픈 사람은 이웃의 곡식밭에 들어가 손으로 이삭을 따도 되나 이웃의 곡식밭에 낫을 대지는 못한다.

이러한 규례는 미래를 위하여 잉여물을 모아두는 것도 도둑질하는 것이기 때문에 생긴 규례들이다.

신명기 24:1-7
간음하지 말지니라
이혼과 재혼

━━▶ 말씀 속으로 ◀━━

24:1 사람이 아내를 맞이하여 데려온 후에 그에게 수치되는 일이 있음을 발견하고 그를 기뻐하지 아니하면 이혼 증서를 써서 그의 손에 주고 그를 자기 집에서 내보낼 것이요 2 그 여자는 그의 집에서 나가서 다른 사람의 아내가 되려니와 3 그의 둘째 남편도 그를 미워하여 이혼 증서를 써서 그의 손에 주고 그를 자기 집에서 내보냈거나 또는 그를 아내로 맞이한 둘째 남편이 죽었다 하자 4 그 여자는 이미 몸을 더럽혔은즉 그를 내

보낸 전남편이 그를 다시 아내로 맞이하지 말지니 이 일은 여호와 앞에 가증한 것이라 너는 네 하나님 여호와께서 네게 기업으로 주시는 땅을 범죄하게 하지 말지니라 5 사람이 새로이 아내를 맞이하였으면 그를 군대로 내보내지 말 것이요 아무 직무도 그에게 맡기지 말 것이며 그는 일 년 동안 한가하게 집에 있으면서 그가 맞이한 아내를 즐겁게 할지니라 6 사람이 맷돌이나 그 위짝을 전당 잡지 말지니 이는 그 생명을 전당 잡음이니라 7 사람이 자기 형제 곧 이스라엘 자손 중 한 사람을 유인하여 종으로 삼거나 판 것이 발견되면 그 유인한 자를 죽일지니 이같이 하여 너희 중에서 악을 제할지니라.

24:1-4. 사람이 아내를 맞이하여 데려온 후에 그에게 "수치되는 일이 있음을 발견하고 그를 기뻐하지 아니하면" 이혼 증서를 써서 그를 자기 집에서 내보내라고 한다. 신약에서는 이것을 "모세의 이혼 증서"라고 한다. 그 여자가 전 남편의 집에서 나가서 다른 사람의 아내가 된 후 둘째 남편도 그를 미워하여 그녀를 집에서 내보내거나 둘째 남편이 죽으면, 그 여자는 첫째 남편과 다시 결혼할 수 없다.

신명기에서는 이 "수치되는 일"에 대한 설명 내용이 없기 때문에 탈무드(구약성경과 전통을 해석한 책)에서는 수치되는 일에 대하여 다양하게 설명을 했다.

비교적 보수주의 신학을 따른 샴마이 학파에서는 여자가 결혼한 후 10년이 되어도 아기를 낳지 못하고 여자가 간음할 경우 "수치되는 일로" 간주하고 이혼 증서를 써 주어도 된다고 설명을 했다. 예수님은 이 구절을 복음서에서 샴마이 학파와 같은 내용으로 해석하셨다. 예수님은 샴마이 학파가 강조하였던 것처럼 여자의 인격을 존경하는 데 초점을 두어 모세의 이혼 증서를 설명하셨다.

그런가 하면 자유주의 신학을 따른 힐렐 학파에서는 다양한 내용으로 "수치되는 일"을 설명하였다. 몇 가지 예를 들면, 여자가 밥을 태우는 경우, 시부모와 싸우는 경우, 헝클어진 머리칼로 다니는 경우, 여자의 목소리가 이웃에 들릴 경우, 여자가 다른 여자보다 못생겼을 경우 등이다.

신약성경에서 예수께서 말씀하시는 모세의 이혼 증서는 남자 맘대로 여자를 물건 대하듯 대하는 것을 금지하기 위한 규례였다.

24:5. 사람이 새로 아내를 맞이하면 일 년 동안 그를 군대에 보내지 말라. 새 남편이 할 일은 새로 맞이한 아내를 기쁘게 해주는 일이다. 이 규례의 저면에는 새로 결혼한 부부가 아이 낳는 일을 사회가 방해하지 말라는 뜻이다.

24:6. 사람이 맷돌이나 그 위짝을 전당 잡지 말지니 이는 그 생명을 전당 잡음이니라. 맷돌은 두 짝이 있어야 작동을 한다. 한 짝이 없으면 맷돌을 쓰지 못하게 하는 경우와 마찬가지이고, 이는 생명에 위협을 주는 것과 같다.

24:7. 사람이 자기 형제 곧 이스라엘 자손 가운데 한 사람을 유인하여 팔거나 종으로 삼으면 그 유인한 사람을 죽이도록 되어 있다. 사람을 사고파는 것은 사람을 물건으로 취급하는 것이지 하나님의 형상으로 존경하는 것이 아니기 때문이다. 사람을 파는 사람을 죽이는 것은 사회에서 악을 제거하기 위한 처사이고 거룩한 백성의 독특한 가치관을 강조하기 위함이다. 그뿐만 아니라 한 형제의 생명을 유린하는 것과 마찬가지이다.

━▶ 생활 속으로

☼ 23장에서 돈을 꾸어주고 이자를 받는 것을 도둑질하는 것으로 간주한다. 현대 경제 개념으로는 이해할 수 없는 규례이다. 그러나 신명기 당시 모세가 의도한 것은 무엇이라고 생각하는가?

☼ 오늘날은 어느 시대보다 우리 주변에서 이혼한 사람들을 많이 보게 된다. 이혼이 많이 생기는 가장 큰 이유는 무엇이며, 이혼에 대한 나의 신학적인 견해는 무엇인가?

☼ 나는 부부가 불행해도 함께 사는 쪽을 택하는가? 아니면 헤어진 후 행복하게 사는 쪽을 택하겠는가?

신명기 24:8-22
아홉째 계명과 관련된 규례와 법도
네 이웃에 대하여 거짓 증거하지 말지니라

➡️말씀 속으로⬅️

24:8 너는 나병에 대하여 삼가서 레위 사람 제사장들이 너희에게 가르치는 대로 네가 힘써 다 지켜 행하되 너희는 내가 그들에게 명령한 대로 지켜 행하라 9 너희는 애굽에서 나오는 길에서 네 하나님 여호와께서 미리암에게 행하신 일을 기억할지니라 10 네 이웃에게 무엇을 꾸어줄 때에 너는 그의 집에 들어가서 전당물을 취하지 말고 11 너는 밖에 서 있고 네게 꾸는 자가 전당물을 밖으로 가지고 나와서 네게 줄 것이며 12 그가 가난한 자이면 너는 그의 전당물을 가지고 자지 말고 13 해 질 때에 그 전당물을 반드시 그에게 돌려줄 것이라 그리하면 그가 그 옷을 입고 자며 너를 위하여 축복하리니 그 일이 네 하나님 여호와 앞에서 네 공의로움이 되리라 14 곤궁하고 빈한한 품꾼은 너희 형제든지 네 땅 성문 안에 우거하는 객이든지 그를 학대하지 말며 15 그 품삯을 당일에 주고 해 진 후까지 미루지 말라 이는 그가 가난하므로 그 품삯을 간절히 바람이라 그가 너를 여호와께 호소하지 않게 하라 그렇지 않으면 그것이 네게 죄가 될 것임이라 16 아버지는 그 자식들로 말미암아 죽임을 당하지 않을 것이요 자식들은 그 아버지로 말미암아 죽임을 당하지 않을 것이니 각 사람은 자기 죄로 말미암아 죽임을 당할 것이니라 17 너는 객이나 고아의 송사를 억울하게 하지 말며 과부의 옷을 전당 잡지 말라 18 너는 애굽에서 종 되었던 일과 네 하나님 여호와께서 너를 거기서 속량하신 것을 기억하라 이러므로 내가 네게 이 일을 행하라 명령하노라 19 네가 밭에서 곡식을 벨 때에 그 한 뭇을 밭에 잊어버렸거든 다시 가서 가져오지 말고 나그네와 고아와 과부를 위하여 남겨두라 그리하면 네 하나님 여호와께서 네 손으로 하는 모든 일에 복을 내리시리라 20 네가 네 감람나무를 떤 후에 그 가지를 다시 살피지 말고 그 남은 것은 객과 고아와 과부를 위하여 남겨두며 21 네가 네 포도원의 포도를 딴 후에 그 남은 것을 다시 따지 말고 객과 고아와 과부를 위하여 남겨두라 22 너는 애굽 땅에서 종 되었던 것을 기억하라 이러므로 내가 네게 이 일을 행하라 명령하노라.

24:8-9. 규례에 따르면, 나병환자는 동네 밖으로 나가야

한다. 나병환자와 관련된 규례는 미리암과 아론이 모세의 권위에 도전한 것과 관련되어 있다. 미리암은 모세가 구스 여자를 취하여 아내로 삼는 것을 비방하다가 나병에 걸렸다 (민 12:1-16). 하나님은 그가 선택한 모세의 권위에 도전하는 사람들을 보고만 계시지 아니하신다.

24:10-13. 네 이웃에게 돈을 꾸어주면서 그 집에 들어가 전당물을 취하지 말라. 돈을 꾸어준 사람은 밖에 서 있고, 돈을 꾼 자가 전당물을 가지고 나와서 꾸어준 자에게 주어야 한다. 그가 가난한 자이면 그 전당물을 취하지 말라.

여기서 "전당물"은 잠옷을 뜻한다.

24:14-15. 가난한 품꾼이 이스라엘 동족이든, 성문 안에 우거하는 객이든 그를 학대하지 말라. 품삯은 당일에 주고 해 진 후까지 미루지 말라.

24:16. 아버지는 자식들의 책임을 지지 아니하고, 자식들은 아버지의 책임을 지지 아니한다. 각 자는 자기가 지은 죄로 죽임을 당할 것이다.

24:17-18. 종을 대할 때는 이스라엘 백성이 한때 종이었다는 사실을 기억하라.

24:19-22. "객이나 고아의 송사를 억울하게 하지 말며 과부의 옷을 전당 잡지 말라." 이 법은 방어할 수 없이 연약한 사람들을 보호하기 위한 것이다.

"네가 밭에서 곡식을 벨 때에 그 한 뭇을 밭에 잊어버렸거든 다시 가서 가져오지 말고 나그네와 고아와 과부를 위하여 남겨두라."

"네가 감람나무를 떤 후에 그 가지를 다시 살피지 말고 그 남은 것은 객과 고아와 과부를 위하여 남겨두라."

"네가 네 포도원의 포도를 딴 후에 그 남은 것을 다시 따지 말고 객과 고아와 과부를 위하여 남겨두라."

이 모든 규례는 이스라엘 백성이 애굽에서 종살이 하던 시절을 기억하는 데서 생긴 것들이다.

신명기 25:1-4
재판

━▶말씀 속으로◀━

25:1 사람들 사이에 시비가 생겨 재판을 청하면 재판장은 그들을 재판하여 의인은 의롭다 하고 악인은 정죄할 것이며 2 악인에게 태형이 합당하면 재판장은 그를 엎드리게 하고 그 앞에서 그의 죄에 따라 수를 맞추어 때리게 하라 3 사십까지는 때리려니와 그것을 넘기지는 못할지니 만일 그것을 넘겨 매를 지나치게 때리면 네가 네 형제를 경히 여기는 것이 될까 하노라 4 곡식 떠는 소에게 망을 씌우지 말지니라.

사람들 사이에 시비가 생기면 그것을 재판장에게 가지고 갈 수 있다. 재판장은 의인과 악인을 판정해야 한다.

악인에게 태형(매질로 형벌)을 내릴 수 있다. 단 40대 이상은 안 되고 (출 21:20), 처벌은 재판장 앞에서 해야 한다. 40은 형벌도 되지만 연단을 상징하기도 한다. 40대 이상 때리면 형제를 경히 여기는 격이 된다. 이것은 경범죄를 중범죄처럼 다루지 못하게 하려는 것이다.

25:4. "곡식 떠는 소에게 망을 씌우지 말지니라."
이것은 가축에 대한 인도적 차원에서 짐승이라고 일을 할 때 먹이면서 시키라는 뜻이고, 인간의 생명은 더욱 보호를 받아야 한다는 뜻이다.

━▶생활 속으로

☼ 가난하고 약한 사람을 보호하는 것은 고금을 막론하여 중요한 이슈로 계속 등장하고 있다. 우리교회는 가난하고 약한 사람들을 어떻게 도와주고 있는가?

☼ 신명기에서 언급하고 있는 많은 규례와 법도가 현대인들에게는 적용되지 아니하는 것들이 많이 있다. 그러나 법의 정신만은 많은 것이 지금도 적절하다. 오늘날 적용할 수 없는 법들을 아는 대로 나열하여 보자.

신명기 25:5-26:15
열째 계명과 관련된 규례와 법도
네 이웃의 아내를 탐내지 말지니라
네 이웃의 집이나 그의 밭이나
그의 남종이나 그의 여종이나
그의 소나 그의 나귀나 네 이웃의 모든 소유를
탐내지 말지니라 (5:21)

25:5-10. 이 부분은 죽은 형제에 대한 의무에 대한 규례이다. 형제들이 함께 살다가 형이 죽고 아들이 없으면 형수와 결혼할 수 있다. 이것을 형수취수법(levirate marriage) 혹은 수혼제도라고도 하는데, 가족을 보호하고, 가족을 경제적으로 부양하고, 가족의 소속감을 강조하기 위한 규례이다.

죽은 자의 형제가 그러한 결혼을 원하지 않을 경우 장로들의 허락을 받아야 한다. 그리고 동생이 끝까지 형수와 결혼하기를 원하지 아니하면 장로들 앞에서 동생의 발에서 신을 벗기고 그의 얼굴에 침을 뱉었다. 신을 벗기는 것은 책임이 없는 것을 상징하고, 얼굴에 침을 뱉는 것은 모욕과 수치를 상징하는 것이다.

25:11-12. 두 남자가 서로 싸우게 될 경우, 결혼한 여자가 남편을 구하려고 다른 남자의 음낭(음부 혹은 성기)을 잡으면 그 여자의 손을 찍어버리는 형벌을 내렸다. 이것은 남자가 아이를 낳을 수 있도록 보호하는 형벌이었다. 음낭을 잡는 것은 그 사람의 생명을 위협하는 행동으로 간주하였기 때문이다. 그러나 후대에 와서는 손을 찍어버리는 형벌 대신에 벌금을 내는 형식으로 처벌하였다.

25:13-16. 상인들이 저울로 액체의 무게를 잴 때나 곡식과 같이 단단한 물건의 무게를 잴 때 크고 작은 저울추를 사용하여 고객을 속이는 경우가 자주 있었는데 이것은 이

득을 남기기 위한 행위였다. 이웃의 재물을 탐내고 도둑질하는 행위는 열째 계명을 어기는 행위이므로 하나님의 격렬한 진노를 자아낼 것이다. 불꽃 같은 눈으로 감시하시는 하나님 앞에서는 속일 수도 없고 도둑질할 수도 없다는 사실을 상기시켜 주는 것이다.

25:17-19. 이스라엘 백성이 약속의 땅을 차지하고 안정한 후에도 아말렉에 대한 기억을 잊지 말라고 모세는 말한다. 아말렉 족속은 이스라엘 백성이 광야생활을 하고 있었을 때, 지쳐있던 이스라엘 백성의 재물을 종종 약탈하면서 괴롭힌 족속이었다. 아말렉이라는 이름 자체는 원래 에서의 아들 엘리바스와 그의 첩 딤나 사이에 태어난 아들이었는데(창 36:12), 일반적으로 아말렉의 후손을 아말렉 족속이라고 불렀다. 아말렉 족속은 유목생활을 하면서 사막에서 약탈자 생활을 했다. 르비딤에서 아말렉 족속과 여호수아 간의 전쟁은 출애굽기 17:8-16에 나와 있으며, 아말렉 사람들에 대한 증오감은 이스라엘 백성이 가나안에 정착한 후에도 계속되었으며, 사무엘과 아말렉 왕 아각 사이에 일어난 전쟁에서 잘 나타나고 있다 (삼상 15:1-33 참조).

26:1-15. 이 부분은 12:1부터 시작된 십계명과 관련된 규례와 법도들이 끝나는 부분이다. 모세는 하나님께서 약속해 주신 땅에 들어가서 정착한 후 행하게 될 다양한 규례들을 언급하였는데, 여기서는 하나님께서 주시는 땅을 감사하는 예문으로 끝낸다.

26:1-11. 약속의 땅을 소유하는 것은 하나님이 이스라엘 조상들에게 약속하신 것을 지키시기 때문에 가능한 것이다. 그러므로 약속의 땅을 소유하는 것은 하나님의 섭리 때문에 가능한 것이다.

26:2. "맏물"(first fruits)은 가나안 땅에서 수확한 첫 열매를 뜻한다. 첫 열매를 하나님께 헌납한다는 것은 가나안 땅이 하나님의 소유임을 고백하는 행위이다.

26:3-4. 제사를 드리러 온 사람들은 제사장에게 "내가 오늘 당신의 하나님 여호와께 아뢰나이다 내가 여호와께서 우리에게 주시겠다고 우리 조상들에게 맹세하신 땅에 이르렀나이다"라고 고백하여야 한다.

26:5-11. 처음 고백문은 첫 열매의 추수와 관련되어 있다. "방랑하는 아람 사람"은 야곱을 의미한다. 야곱은 한때 아람 나하라임(메소보다미아에 있는 나홀의 성)에서 그의 친척과 생활을 했었다.

7절의 "신고"는 강제 노동으로 인하여 고역을 당하는 것 혹은 고생하는 것을 뜻한다.

26:12-15. 그 다음 고백문은 십일조의 헌물과 관련하여 감사하는 마음과 관대한 행위를 언급하고 있다. 삼 년째 되는 그 해에 이스라엘 백성은 "레위인과 객과 고아와 과부에게 주어" 그들이 성읍 안에서 먹을 수 있도록 해주어야 한다.

하나님께 감사하는 마음은 제사(예배)의 기본 신학일 뿐만 아니라 하나님께서 선물로 주신 땅에서 거둔 열매를 골고루 나누어 가지는 청지기 개념의 기본 신학이다.

하나님은 이스라엘 백성의 하나님이시며, 이스라엘 백성은 하나님의 백성이기 때문에 감사하는 마음으로 나누어 가질 수밖에 없다. 이것은 하나님과의 언약을 재확인하는 행동이다.

➡️ 생활 속으로

☼ 과거에 우리나라 사람들이 혈족을 보존하기 위하여 사회가 허용한 관습들은 어떤 것들이 있는가?

☼ 현재 내가 소유하고 있는 땅이 하나님의 것이라고 생각하는 사람들은 많지 아니할 것이다. 어떻게 하면 내가 소유하고 있는 모든 것이 하나님의 것이라는 청지기 신앙을 개발할 수 있을까?

신명기 26:16 — 28:68
하나님의 보배로운 백성이 할 일

━▶ 주요 메시지

하나님의 보배로운 백성이 할 일은 여호와의 규례와 명령과 법도를 지키는 일이다 (26:16-19). 그리심 산에서는 축복을 선포하고 에벨 산에서는 저주를 선포하는 일이다 (27:1-26). 그리고 축복과 저주가 있음을 명심해야 한다 (28:1-68).

신명기 26:16-19
하나님의 보배로운 백성

━▶ 말씀 속으로 ◀━

26:16 오늘 네 하나님 여호와께서 이 규례와 법도를 행하라고 네게 명령하시나니 그런즉 너는 마음을 다하고 뜻을 다하여 지켜 행하라 17 네가 오늘 여호와를 네 하나님으로 인정하고 또 그 도를 행하고 그의 규례와 명령과 법도를 지키며 그의 소리를 들으라 18 여호와께서도 네게 말씀하신 대로 오늘 너를 그의 보배로운 백성이 되게 하시고 그의 모든 명령을 지키라 확언하셨느니라 19 그런즉 여호와께서 너를 그 지으신 모든 민족 위에 뛰어나게 하사 찬송과 명예와 영광을 삼으시고 그가 말씀하신 대로 너를 네 하나님 여호와의 성민이 되게 하시리라.

하나님은 이스라엘 백성에게 세 가지를 강조하셨다.

(1) 하나님은 마음을 다하고 뜻을 다하여 규례와 법도를 지키라고 강조하셨다.

(2) 하나님은 이스라엘 백성을 보배로운 백성이 되게 하셨다고 강조하셨다. 보배로운 백성은 많은 민족 가운데서 특별히 구별하여 성민으로 삼아 주셨다는 뜻이다.

(3) 하나님은 이스라엘 백성을 모든 민족 위에 뛰어난 성민이 되게 하셨다고 강조하셨다.

그러므로 이스라엘 백성은 하나님께 속한 백성이라고 선포하여야 한다.

신명기 27:1-20
에발 산과 그리심 산에서의 제사

━━▶ 말씀 속으로 ◀━━

27:1-10. 27:1-3. 모세는 이스라엘 백성이 요단 강을 건넌 후 지켜야 할 규례를 장로들을 모아놓고 백성에게 알려주라고 지시한다. 세겜 근처에 있는 에발 산에 돌들을 세우고 석회를 바른 후 그 위에 말씀을 쓰라고 지시한다. 돌들을 세우는 목적은 기념비적인 사건이나 법을 기록하여 여러 지방에 세워 많은 사람이 보게 하기 위함이다. 그리고 석회를 바르는 이유는 새긴 글자가 더 선명하게 드러나게 하기 위함이다.

27:4-8. 그리고 다듬지 않은 돌로 제단을 쌓은 후 거기다 번제를 드리라고 한다. 다듬는다는 것은 사람들이 거룩하다고 생각하는 형상을 만들어내기 때문에 다듬지 않은 돌을 사용하라고 말하는 것이다.

27:7. 화목제는 친교제라고도 하는데 이것은 제사로 바치는 동물의 몸을 일부만 제단에 드리고 나머지는 제사 드리는 사람이 함께 나누어 먹는 것이다.

27:9-10. 모세가 1-8절까지 장로들에게 언약에 대하여 말을 하였다면 여기서는 모세가 레위 제사장들에게 언약에 대하여 말한다. 제사장들은 예배를 집전하였을 뿐만 아니라, 백성에게 율법도 가르쳤고, 축복과 저주를 선포할 수 있었다 (민 6:23-27).

"이스라엘아 잠잠하여 들으라 오늘 네가 네 하나님 여호와의 백성이 되었으니 그런즉 네 하나님 여호와의 말씀을 청종하여 내가 오늘 네게 명령하는 그 명령과 규례를 행할지니라." 청종한다는 말씀을 귀담아 듣고 그 말씀에 순종한다는 뜻인데, 순종이 없이 규례를 기억하기만 하면 삶 속에서 행위로 나타나는 것이 없기 때문이다.

신명기 27:11-26
에발 산에서 선포한 저주

━▶ 말씀 속으로 ◀━

요단 강을 건넌 후 이스라엘 백성의 반은 그리심 산(축복의 산: 시므온, 레위, 유다, 잇사갈, 요셉, 베냐민)에 오르고, 반은 에발 산(저주의 산: 르우벤, 갓, 아셀, 스불론, 단, 납달리)에 오르라고 한다. 이 두 산은 둘 다 해발 3천 피트 되는 높은 산이다. 왜 그리심 산에서는 축복을 선포하고, 에발 산에서는 저주를 선포하게 하였는지는 정확하게 알 수 없다. 자연적인 환경을 참작하여 볼 때, 그리심 산은 숲이 울창하여 동이 트는 동쪽 오른편에 위치하고 있으며, 에발 산은 숲이 없고 동이 트는 왼쪽에 있고 황막하게 보였기 때문일 것이다. 즉, 선포의 자연적인 효과를 노렸을 것이다. 여호수아는 모세가 명령한 대로 축복과 저주의 선포를 이행하였다 (민 8:30-35).

27:15-26에는 12개의 저주의 내용이 적혀 있다.
(1) 우상을 만들어 세우는 자 (15절)
(2) 부모를 경홀히 여기는 자 (16절)
(3) 이웃의 경계표를 옮기는 자 (17절)
(4) 맹인에게 길을 잃게 하는 자 (18절)
(5) 객이나 고아나 과부를 억울하게 하는 자 (17-18절)
(6) 계모와 동침하는 자 (20절)
(7) 짐승과 교합하는 자 (21절)
(8) 자매와 동침하는 자 (22절)
(9) 장모와 동침하는 자 (23절)
(10) 이웃을 암살하는 자 (24절)
(11) 무죄한 자를 죽이려고 뇌물을 받는 자 (25절)
(12) 율법의 말씀을 실행하지 아니하는 자는 저주를 받을 것이다 (26절).

신명기 28:1-68—축복과 저주

신명기 28:1-19—순종할 때 받는 복

➡️ **말씀 속으로** ⬅️

신명기 28장은 축복(1-14절)과 저주(15-68절)의 내용을 다룬다. 하나님의 말씀을 청종할 때 내리는 축복은:

(1) 성읍에서도 복을 받고 들에서도 복을 받을 것이다 (3절).

(2) 네 몸의 자녀와 네 토지의 소산과 네 짐승의 새끼와 소와 양의 새끼가 복을 받을 것이다 (4절).

(3) 네 광주리와 떡 반죽 그릇이 복을 받을 것이다 (5절).

(4) 네가 들어와도 복을 받고 나가도 복을 받을 것이다 (6절).

(5) 여호와께서 너를 대적하기 위해 일어난 적군들을 네 앞에서 패하게 할 것이고 그들이 한 길로 너를 치러 들어왔으나 네 앞에서 일곱 길로 도망할 것이다 (7절).

(6) 여호와께서 명령하사 네 창고와 네 손으로 하는 모든 일에 복을 내리시고 네 하나님 여호와께서 네게 주시는 땅에서 네게 복을 주실 것이며 여호와께서 네게 맹세하신 대로 너를 세워 자기의 성민이 되게 하시리니 이는 네가 네 하나님 여호와의 명령을 지켜 그 길로 행할 것이다 (8절).

(7) 하나님의 성민이 되게 하실 것이다 (9절).

(8) 여호와의 이름이 불리는 것을 보고 너를 두려워하리라 (10절).

(9) 네 땅에 때를 따라 비를 내리시고 네 손으로 하는 모든 일에 복을 주시리니 네가 많은 민족에게 꾸어줄지라도 너는 꾸지 아니할 것이다 (12절).

(10) 여호와께서 너를 머리가 되고 꼬리가 되지 않게 하실 것이다 (13절).

신명기 28:20-46
불순종할 때 받는 저주

━━▶말씀 속으로◀━━

순종하지 않는 이에게 닥칠 가난과 불행과 저주는:

(1) 네가 성읍에서도 들에서도 저주를 받을 것이다 (16절).

(3) 네 광주리와 떡 반죽 그릇이 저주를 받을 것이다 (17절).

(4) 네 몸의 소생과 네 토지의 소산과 네 소와 양의 새끼가 저주를 받을 것이다 (18절).

(5) 네가 들어와도 나가도 저주를 받을 것이다 (19절).

(6) 네 손으로 하는 모든 일에 여호와께서 저주와 혼란과 책망을 내리사 망하며 속히 파멸하게 하실 것이다 (20절).

(7) 네 몸에 열병이 들게 하사 네가 들어가 차지할 땅에서 마침내 너를 멸하실 것이다 (21-22, 27-28절).

(8) 네 머리 위의 하늘은 놋이 되고 네 아래의 땅은 철이 될 것이다 (23-24절). (하늘은 놋처럼 딱딱하여 비를 내리지 못하게 하고 땅은 메말라서 쇠처럼 딱딱하게 된다는 뜻이다.)

(9) 적군에게 비참하게 패배당하게 될 것이다 (25절).

(10) 네 시체가 공중의 모든 새와 땅의 짐승들의 밥이 될 것이다 (26절).

(11) 네가 백주에도 더듬고 네 길이 형통하지 못하여 항상 압제와 노략을 당할 뿐이리니 너를 구원할 자가 없을 것이다 (29절).

(12) 네가 여자와 약혼하였으나 다른 사람이 그 여자와 같이 동침할 것이다. 네가 집을 건축하였으나 거기에 거주하지 못할 것이요 포도원을 심었으나 네가 그 열매를 따지 못할 것이다 (30절).

(13) 네 소를 네 목전에서 잡았으나 네가 먹지 못할 것이다 (31절).

(14) 네 나귀를 네 목전에서 빼앗겨도 도로 찾지 못할 것이다. 네 양을 원수에게 빼앗길 것이나 너를 도와 줄 자가 없을 것이다 (31절).

(15) 네 자녀를 다른 민족에게 빼앗기고 종일 생각하고 찾음으로 눈이 피곤하여지나 네 손에 힘이 없을 것이다 (32절).

(16) 네 토지 소산과 네 수고로 얻은 것을 네가 알지 못하는 민족이 먹겠고 너는 항상 압제와 학대를 받을 것이다 (33절).

(17) 네 눈에 보이는 일로 말미암아 네가 미치게 될 것이다 (34절).

(18) 여호와께서 네 무릎과 다리를 쳐서 고치지 못할 심한 종기를 생기게 하여 발바닥에서부터 정수리까지 이르게 하실 것이다 (35절).

(19) 네가 세울 임금을 너와 네 조상들이 알지 못하던 나라로 끌어 가시리니 거기서 목석으로 만든 다른 신을 섬기게 될 것이다 (36절).

(20) 모든 민족 중에서 네가 놀람과 속담과 비방거리가 될 것이다 (37절).

(21) 많은 종자를 들에 뿌릴지라도 메뚜기가 먹으므로 거둘 것이 없을 것이다 (38, 41절).

(22) 네가 포도원을 심고 가꿀지라도 벌레가 먹으므로 포도를 따지 못하고 포도주를 마시지 못할 것이다 (39절).

(23) 네 모든 경내에 감람나무가 있을지라도 그 열매가 떨어지므로 그 기름을 네 몸에 바르지 못할 것이다 (40절).

(24) 자녀를 낳을지라도 그들이 포로가 되므로 네게 있지 못할 것이다 (41절).

(25) 이방인은 점점 높아져서 네 위에 뛰어나고 너는 점점 낮아질 것이다 (43절).

(26) 그는 네게 꾸어줄지라도 너는 그에게 꾸어주지 못할 것이다 (44절).

신명기 28:47-57
축복과 저주 중 하나를 선택

━━▶ 말씀 속으로 ◀━━

28:47-48. 이렇게 축복과 저주가 분명하게 다르므로 이스라엘 백성은 분명하게 지금 둘 중에 하나를 선택하여야 한다.

하나님은 이스라엘 백성이 고통 가운데 애굽에서 울부짖을 때, 아브라함과 이삭과 야곱과 맺으신 언약을 기억하시고 백성을 약속의 땅으로 인도하셨다. 하나님은 이스라엘 백성이 풍요롭게 잘 살 때에도 하나님은 기쁨과 즐거운 마음으로 하나님을 섬기는지를 물으실 것이다. 여호와를 섬기지 아니하면 주리고 목마르고 헐벗고 모든 것이 부족한 중에서 여호와께서 너를 치셔서 적군을 섬기게 하실 것이다. 그가 철 멍에를 네 목에 메워 마침내 너를 멸할 것이다.

28:49-50. 이스라엘 백성은 자신들을 해칠 수 있는 영향을 배제하는 길을 선택하여야 한다. "용모가 흉악한 민족"은 노인을 보살피지 아니하며 유아를 불쌍히 여기지 아니하는 포악한 성품을 뜻한다 (잠 21:29).

28:51-57. 영적으로 퇴폐해지는 데서 오는 영향은 적의 지배를 받는 것이 아니라 이스라엘 백성 서로가 서로를 해치게 될 것이다. 즉, 여호와께서 네게 주신 네 몸의 소생의 살을 먹게 될 것이다. 열왕기하 6:24-33을 보면, 여호람 왕 때 아람군이 성을 포위하여 식량이 절단되었을 때 백성이 백성의 몸을 식량으로 먹어야 할 때가 있었다.

━━▶ 생활 속으로

☼ 나의 결정이 남에게 축복이 될 수 있거나 혹은 저주가 될 수 있는 경우를 서로 나누어 보자.
☼ 나는 어떤 축복을 제일 원하고 있는가?

신명기 28:58-68
율법책의 목적

━▶말씀 속으로◀━

28:58-60. "이 책은" 하나님께서 모세를 통하여 이스라엘 백성에게 전해준 율법책 전부를 뜻한다. 이 율법책은 31:19에서 다시 언급되며 모세가 지도력을 발휘할 수 없을 때, 이 법이 대신하게 될 것이다.

이스라엘은 하나님 여호와라 하는 영화롭고 두려운 이름을 경외하여야 한다. 하나님 여호와만 사랑하지 아니하고 섬기지 (경외하지) 아니하면 하나님께서 자손에게 재앙을 내리실 것이다. 그리고 하나님께서 내리시는 재앙은 오래 갈 것이다. 이스라엘 백성이 하나님의 말씀에 순종하지 아니하면 애굽에서 내린 재앙을 백성에게도 내리실 것이다.

28:61-64. 그뿐만 아니라 순종하지 아니하면 지금까지 율법책에 기록하지 아니한 질병으로 인하여 남는 자가 얼마 되지 않게 될 것이다. 여호와께서 이스라엘 백성을 멸하시기를 기뻐하실 것이다. 그리고 이스라엘 백성을 땅 이 끝에서 저 끝까지 흩으실 것이다.

28:65-68. 백성은 평안함과 쉴 곳을 얻지 못하고 생명이 위험에 처하게 될 것이다. 하나님을 떠난 자는 외적인 평안뿐만 아니라 내적인 평안도 얻지 못한다는 뜻이다. 고통과 괴로움 때문에 시간이 흐르지 아니하여 아침이 되면 저녁을 그리워하고 저녁이 되면 아침을 그리워하게 될 것이다. 네가 보기 싫어하는 애굽의 길로 너를 끌어 가실 것이다. 하나님의 권능으로 자유를 경험하게 된 이스라엘 백성이 더 이상 자유롭게 살 자격이 없어지게 될 것이라는 뜻이다.

결론적으로 하나님께 순종하지 않은 이스라엘 백성은 앗수르 사건을 통하여, 바벨론 사건을 통하여, 로마 사건을 통하여 모세가 경고한 것들을 처참하게 경험하였다.

◆◇◆ IV 부 ◆◇◆

신명기 29:1 – 32:52
회개와 회복

━▶ 주요 메시지

이 부분은 요단 동편 모압 평야에서 하나님과 이스라엘 백성 간에 언약을 새롭게 재확인하는 것을 말하는데, 모압의 언약이라고 불리운다. 이 언약은 순종과 생명의 길을 선택하든가, 아니면 불순종과 죽음의 길을 선택하라고 도전하고 있다.

신명기 29:1-29
모압 땅에서 세우신 언약

━▶ 말씀 속으로 ◀━

29장에서는 언약을 일곱 번이나 반복한다. 하나님과 언약을 맺는다는 것은 하나님과 인간을 하나로 묶어 특별한 결속관계를 맺는 것을 뜻한다. 그리고 이 언약은 하나님이 주도권을 쥐고 이루어진 관계이기 때문에 인간이 불편하다고 하여 일방적으로 빠져나올 수 없는 것이다.

그래서 모세는 언약관계를 특별히 강조하기 위하여 하나님께서 이스라엘 백성을 애굽에서 탈출시켜 준 과거를 상기시켜 준다. 우상숭배는 이유를 막론하고 피해야 한다고 말한다. 그래서 모세는 전과 같이 역사적인 사실을 배경으로 하여 언약을 점검하고 (1-8절), 하나님의 율법에 순종하라고 말하고 (9-15절), 백성이 불순종할 때 나타날 결과에 대하여 말해 준다 (16-29절).

29:1. 1:6-4:40에서 역사적인 사실을 배경으로 하여 언약을 언급했듯이 이 부분에서도 이스라엘의 선조들과 세

우신 언약(창 15:1-20), 호렙 산에서 이스라엘 자손과 세우신 언약 (5:6-21, 십계명), 모압 땅에서 이스라엘 자손과 세우신 언약(29:1)의 역사적인 사실을 배경으로 하여 언약을 말한다. 그러한 의미에서 1절은 약속의 땅에 들어가기 전 모압 광야 호렙 산에서 맺은 언약을 재확인하는 것이다.

29:2-9. 이스라엘 백성은 하나님께서 행하신 모든 일을 기억하여야 한다. 그것들은:

(1) 애굽에서 이루신 하나님의 큰 기사와 이적

(2) 광야에서 인도하심

(3) 시혼과 옥을 친 것과, 요단 동쪽 땅을 갓과 르우벤에게 배정한 것과, 지도자들을 세운 것들을 기억해야 한다. (하나님은 이스라엘 백성에게 약속의 땅을 주시려고 시혼과 옥을 패배시키셨다.) 그러나 이스라엘 백성에게는 아직도 하나님을 "깨닫는 마음과 보는 눈과 듣는 귀"가 열려 있지 아니하였다. 즉, 하나님의 뜻을 받아들일 준비가 되어 있지 않았다는 뜻이다.

29:10-15. 그래서 모세는 약속의 땅에 들어가기 위하여 언약을 받아들이고 순종할 것을 재강조한다. 하나님께서 모든 이스라엘 백성과 언약을 맺으시는 것은 "아브라함과 이삭과 야곱에게 맹세하신 대로 오늘 너를 세워 자기 백성을 삼으시고 그는 친히 네 하나님이 되시려 함이니라"(13절)고 말한다. 그리고 "오늘 우리 하나님 여호와 앞에서 우리와 함께 여기 서 있는 자와 오늘 우리와 함께 여기 있지 아니한 자에게까지"(15절)이다. 언약에 참여하는 그룹은 지파의 수령, 지파의 장로, 지도자, 이스라엘의 모든 남자, 유아, 아내, 진중에 있는 객, 나무를 패는 자와 물을 긷는 자들이다. 이렇게 그룹 명단을 자세하게 나열하는 이유는 공동체의 모든 사람과 언약을 맺는다는 뜻이다. 그리고 15절에서 미래에 태어날 사람들을 언급하는 이유는 이 언약은

지금 사람들만을 위한 것이 아니고 미래의 사람들에게도 해당된다는 뜻이다.

29:16-28. 이스라엘 백성은 하나님 여호와만 경배하여야 하는데 만약에 이 언약을 거부했을 경우에는 다양한 저주가 일어나게 될 것이다.

- 여호와께서 이 율법책에 기록된 모든 언약의 저주대로 그에게 화를 더하실 것이다.
- 자손과 멀리서 오는 객이 그 땅의 재앙과 여호와께서 그 땅에 유행시키시는 질병을 보게 될 것이다.
- 소돔과 고모라와 같이 그 온 땅이 유황이 되며 소금이 되며 또 불에 타서 심지도 못하며 결실함도 없으며 거기에는 아무 풀도 나지 아니함이 옛적에 여호와께서 진노와 격분으로 멸하신 소돔과 고모라와 아드마와 스보임의 무너짐과 같음을 보게 될 것이다.
- 진노와 격분과 크게 통한(격분)하심으로 그들을 이 땅에서 뽑아내사 다른 나라에 내던지심이 오늘과 같다 할 것이다.

29:29. "감추어진 일은 우리 하나님 여호와께 속하였거니와 나타난 일은 영원히 우리와 우리 자손에게 속하였나니 이는 우리에게 이 율법의 모든 말씀을 행하게 하심이니라."

"감추어진 일"은 "하나님이 숨기시기 때문에 알 수 없는 일"을 뜻한다 (새번역).

"나타난 일"은 "하나님의 뜻이 담긴 율법"이다 (새번역).

━━▶ 생활 속으로

☼ 나는 과거에 하나님과 약속한 것을 신실하게 지키고 있다고 생각하는가?

☼ 하나님께서 조건적으로 내려 주시는 축복과 누구든지 예수님을 믿으면 영생을 얻는다는 말씀은 같은 것일까 아니면 상반되는 말씀일까?

신명기 30:1-10
복 받는 길

━▶말씀 속으로◀━

30:1 내가 네게 진술한 모든 복과 저주가 네게 임하므로 네가 네 하나님 여호와로부터 쫓겨간 모든 나라 가운데서 이 일이 마음에서 기억이 나거든 2 너와 네 자손이 네 하나님 여호와께로 돌아와 내가 오늘 네게 명령한 것을 온전히 따라 마음을 다하고 뜻을 다하여 여호와의 말씀을 청종하면 3 네 하나님 여호와께서 마음을 돌이키시고 너를 긍휼히 여기사 포로에서 돌아오게 하시되 네 하나님 여호와께서 흩으신 그 모든 백성 중에서 너를 모으시리니 4 네 쫓겨간 자들이 하늘 가에 있을지라도 네 하나님 여호와께서 거기서 너를 모으실 것이며 거기서부터 너를 이끄실 것이라 5 네 하나님 여호와께서 너를 네 조상들이 차지한 땅으로 돌아오게 하사 네게 다시 그것을 차지하게 하실 것이며 여호와께서 또 네게 선을 행하사 너를 네 조상들보다 더 번성하게 하실 것이며 6 네 하나님 여호와께서 네 마음과 네 자손의 마음에 할례를 베푸사 너로 마음을 다하며 뜻을 다하여 네 하나님 여호와를 사랑하게 하사 너로 생명을 얻게 하실 것이며 7 네 하나님 여호와께서 네 적군과 너를 미워하고 핍박하던 자에게 이 모든 저주를 내리게 하시리니 8 너는 돌아와 다시 여호와의 말씀을 청종하고 내가 오늘 네게 명령하는 그 모든 명령을 행할 것이라 9-10 네가 네 하나님 여호와의 말씀을 청종하여 이 율법책에 기록된 그의 명령과 규례를 지키고 네 마음을 다하며 뜻을 다하여 여호와 네 하나님께 돌아오면 네 하나님 여호와께서 네 손으로 하는 모든 일과 네 몸의 소생과 네 가축의 새끼와 네 토지 소산을 많게 하시고 네게 복을 주시되 곧 여호와께서 네 조상들을 기뻐하신 것과 같이 너를 다시 기뻐하사 네게 복을 주시리라.

과거를 돌아보면서 배운 지혜는 현재를 직감할 수 있게 도와주고, 미래를 준비할 수 있는 지혜를 제공하여 준다.

하나님만 경외하라는 명령을 잊고 우상을 숭배하다가 광야에서 40년 동안 방랑생활을 하게 된 이스라엘 백성에게 하나님만 순종하는 미래가 있게 될까? 물론 이 질문에 대한 답은 긍정적으로 그렇다이다. 그렇지만 그 희망은 하나님의 백성 각 개인에게 달려 있다. 암흑과 같았던 노예생활과 광야생활 때문에 미래를 읽지 못하겠거든 하나님께서 약속해 주신 것들을 생각하며 미래를 준비하여야 한다.

(1) 하나님은 생명을 주시는 분이심을 기억해야 한다 (2, 6, 10절).

(2) 여호와께로 돌아와야 한다 (2, 3, 8, 10절).

(3) 하나님의 명령을 듣고 따라야 한다 (2, 8, 10절).

(4) 마음을 다하고 뜻을 다하여 여호와의 말씀을 청종하여야 한다 (2절).

(5) 그러면 긍휼하신 하나님께서 "네 쫓겨간 자들이 하늘 가에 있을지라도 네 하나님 여호와께서 거기서 너를 모으실 것이며 거기서부터 너를 이끄실 것이"다 (3-4절).

주후 70년에 로마에 의해 완전히 패망당했던 이스라엘은 1948년에 국가가 되지 않았던가!

(6) "네 하나님 여호와께서 너를 네 조상들이 차지한 땅으로 돌아오게 하사 네게 다시 그것을 차지하게 하실 것이며 여호와께서 또 네게 선을 행하사 너를 네 조상들보다 더 번성하게 하실 것"이라는 사실을 믿으면 미래가 보일 것이다 (5절).

(7) 또한 후에 언급되지만, 하나님께서 보여주시는 생명과 복과 사망과 화를 볼 수 있어야 한다 (15, 19, 20절)

신명기 30:11-20
선택하라

━━▶말씀 속으로◀━━

30:11 내가 오늘 네게 명령한 이 명령은 네게 어려운 것도 아니요 먼 것도 아니라 12 하늘에 있는 것이 아니니 네가 이르기를 누가 우리를 위하여 하늘에 올라가 그의 명령을 우리에게로 가지고 와서 우리에게 들려 행하게 하랴 할 것이 아니요 13 이

것이 바다 밖에 있는 것이 아니니 네가 이르기를 누가 우리를 위하여 바다를 건너가서 그의 명령을 우리에게로 가지고 와서 우리에게 들려 행하게 하랴 할 것도 아니라 14 오직 그 말씀이 네게 매우 가까워서 네 입에 있으며 네 마음에 있은즉 네가 이를 행할 수 있느니라 15 보라 내가 오늘 생명과 복과 사망과 화를 네 앞에 두었나니 16 곧 내가 오늘 네게 명령하여 네 하나님 여호와를 사랑하고 그 모든 길로 행하며 그의 명령과 규례와 법도를 지키라 하는 것이라 그리하면 네가 생존하며 번성할 것이요 또 네 하나님 여호와께서 네가 가서 차지할 땅에서 네게 복을 주실 것임이니라 17 그러나 네가 만일 마음을 돌이켜 듣지 아니하고 유혹을 받아 다른 신들에게 절하고 그를 섬기면 18 내가 오늘 너희에게 선언하노니 너희가 반드시 망할 것이라 너희가 요단을 건너가서 차지할 땅에서 너희의 날이 길지 못할 것이니라 19 내가 오늘 하늘과 땅을 불러 너희에게 증거를 삼노라 내가 생명과 사망과 복과 저주를 네 앞에 두었은즉 너와 네 자손이 살기 위하여 생명을 택하고 20 네 하나님 여호와를 사랑하고 그의 말씀을 청종하며 또 그를 의지하라 그는 네 생명이시요 네 장수이시니 여호와께서 네 조상 아브라함과 이삭과 야곱에게 주리라고 맹세하신 땅에 네가 거주하리라.

그러므로 삶과 죽음, 축복과 저주로 이끄는 길 가운데 긍정적인 삶으로 인도하는 길 하나를 바르게 선택하라고 말한다. 누구도 율법을 몰랐다고 핑계를 댈 수 없다. 왜냐하면 이스라엘 백성에게는 하나님이 계시하여 주신 율법이 그들의 마음 속에 존재하고 있기 때문이다.

30:11-14. 모세가 지금 설명하고 있는 이 규례와 법도는 하늘에 있는 것도 아니고 바다 밖에 있는 것도 아니라고 말한다. 하나님은 우리가 생각할 수 있도록 두뇌를 허락하여 주셨고, 느낄 수 있는 마음을 허락하여 주셨고, 사리를 판단하여 결정할 수 있는 의지를 허락하여 주셨다. "오직 그 말씀이 네게 매우 가까워서 네 입에 있으며 네 마음에 있은즉 네가 이를 행할 수 있"다고 말해 준다. 하나님의 뜻은 분명하게 나타나기 때문에 우리가 핑계를 댈 수 없다.

30:15-16. 순종과 불순종의 선택은 생명과 복과, 사망과 화 사이에서 한쪽을 선택하는 것이다.

30:17-18. 가장 큰 시험은 이스라엘의 하나님을 택할 것인가 아니면 우상을 섬길 것인가이다. 네가 마음을 돌이켜 듣지 아니하고 유혹을 받아 다른 신들에게 절하고 그를 섬기면 너희는 반드시 망할 것이다.

30:19-20. 우리는 두 갈래 길 가운데 한 길을 택하여야 한다. 생명과 복의 길을 택할 것인가! 아니면 사망과 저주의 길을 택할 것인가! 신약성경의 표현을 들어 말한다면 우리는 영생을 택할 것인가 아니면 영원한 죽음을 택할 것인가! 우리가 어느 길을 택하느냐에 따라 결과가 다르게 나타나게 되어 있다. 우리는 삶의 길을 택한다고 생각하면서도 죽음의 길을 택할 때가 종종 있다.

"내가 생명과 사망과 복과 저주를 네 앞에 두었은즉
너와 네 자손이 살기 위하여 **생명을 택하고**
네 하나님 **여호와를 사랑하고**
그의 **말씀을 청종하며**
또 **그를 의지하라**
그는 네 생명이시요 네 장수이시니
여호와께서 네 조상 아브라함과 이삭과 야곱에게 **주리라고 맹세하신 땅에 네가 거주하리라**" (19-20절).

생명과 복을 받는 길은 생명을 택하고, 여호와를 사랑하고, 그의 말씀을 청종하고, 그를 의지하는 길을 택하는 것이다.

➡생활 속으로

☼ 세상의 모든 사람이 저주 받기를 원하는 사람은 한 사람도 없다. 모두 축복 받기를 원한다. 그러나 하나님께서 우리에게 원하시는 것들을 실천하기를 어려워한다. 성경말씀들 가운데 내가 실천하기 제일 어려운 것은 무엇인가?

☼ 내 일생에서 가장 잘 선택한 것은 무엇이고, 잘못 선택한 것은 무엇이라고 생각하는가? 잘 선택하였기 때문에 지금 잘 되어가고 있는 한 예를 서로 나누어 보자.

신명기 31:1-8
여호수아가 모세의 뒤를 잇다

━━▶ 말씀 속으로 ◀━━

31:1 또 모세가 가서 온 이스라엘에게 이 말씀을 전하여 2 그들에게 이르되 이제 내 나이 백이십 세라 내가 더 이상 출입하지 못하겠고 여호와께서도 내게 이르시기를 너는 이 요단을 건너지 못하리라 하셨느니라 3 여호와께서 이미 말씀하신 것과 같이 네 하나님 여호와께서 너보다 먼저 건너가사 이 민족들을 네 앞에서 멸하시고 네가 그 땅을 차지하게 할 것이며 여호수아는 네 앞에서 건너갈지라 4 또한 여호와께서 이미 멸하신 아모리 왕 시혼과 옥과 및 그 땅에 행하신 것과 같이 그들에게도 행하실 것이라 5 또한 여호와께서 그들을 너희 앞에 넘기시리니 너희는 내가 너희에게 명한 모든 명령대로 그들에게 행할 것이라 6 너희는 강하고 담대하라 두려워하지 말라 그들 앞에서 떨지 말라 이는 네 하나님 여호와 그가 너와 함께 가시며 결코 너를 떠나지 아니하시며 버리지 아니하실 것임이라 하고 7 모세가 여호수아를 불러 온 이스라엘의 목전에서 그에게 이르되 너는 강하고 담대하라 너는 이 백성을 거느리고 여호와께서 그들의 조상에게 주리라고 맹세하신 땅에 들어가서 그들에게 그 땅을 차지하게 하라 8 그리하면 여호와 그가 네 앞에서 가시며 너와 함께 하사 너를 떠나지 아니하시며 버리지 아니하시리니 너는 두려워하지 말라 놀라지 말라.

31:1-8. 120살 된 모세는 약속의 땅에 들어갈 과업을 새 지도자 여호수아에게 위임한다. 모세는 40년 동안 애굽에서, 40년 동안 미디안 광야에서, 40년 동안 이스라엘 백성을 인도하면서 살아왔다.

그러나 모세와 아론은 가나안을 눈 앞에 놓고 맛사와 므리바에서 물이 없어 사람들이 불평할 때 하나님 편에 서서 백성을 설득시키지 못했기 때문에 가나안 땅에 들어가지 못하게 되었다 (민 20:12). 그리고 모세가 약속의 땅 가나안에 들어가지 못하는 더 큰 이유는 이스라엘 백성이 모세 때문에 존속하는 백성이 아니라 하나님께서 손수 인도하시는 백성임을 알려 주기 위함이다.

31:6-8. 모세는 그의 후임자 여호수아에게 권면해 준다. (1) 강하고 담대하라. (2) 백성을 이끌고 약속의 땅에 들어가서 그 땅을 정복하라. (3) 하나님께서 네 앞에서 행하고 너를 떠나지 아니하리라. (4) 두려워하지 말고 놀라지 말라.

백성을 인도할 때에 어려움을 당하게 될 것이다. 그리고 두려움도 당할 것이다. 그러나 믿음으로 그것들을 이겨내야 한다.

신명기 31:9-13
일곱 해마다 율법을 낭독하여 주라

➡ 말씀 속으로 ⬅

31:9 또 모세가 이 율법을 써서 여호와의 언약궤를 메는 레위 자손 제사장들과 이스라엘 모든 장로에게 주고 10 모세가 그들에게 명령하여 이르기를 매 칠 년 끝 해 곧 면제년의 초막절에 11 온 이스라엘이 네 하나님 여호와 앞 그가 택하신 곳에 모일 때에 이 율법을 낭독하여 온 이스라엘에게 듣게 할지니 12 곧 백성의 남녀와 어린이와 네 성읍 안에 거류하는 타국인을 모으고 그들에게 듣고 배우고 네 하나님 여호와를 경외하며 이 율법의 모든 말씀을 지켜 행하게 하고 13 또 너희가 요단을 건너가서 차지할 땅에 거주하는 동안에 이 말씀을 알지 못하는 그들의 자녀에게 듣고 네 하나님 여호와 경외하기를 배우게 할지니라.

31:9-13. 모세는 언약궤를 메는 레위 제사장들과 장로들에게 이 율법서의 내용을 매 칠 년 끝 해 곧 면제년(빚을 면제해 주는 해)에 아이들과 성읍 안에 거류하는 타국인을 포함한 모든 이스라엘 회중에게 들려주어야 한다. 가나안 땅에 들어가 거주할 때에도 이 말씀을 알지 못하는 그들의 자녀에게도 하나님 여호와를 경외하는 것을 가르쳐 주라고 한다. 아이들은 광야생활을 말로만 들었지 경험해 본 적이 없기 때문이다. 이렇게 하는 이유는 이스라엘 백성이 말씀에 의거하여 생활하도록 인도하기 위함이다.

신명기 31:14-29
여호수아에게 위임하다

━▶ 말씀 속으로 ◀━

31:14-23. 모세는 여호수아를 후계자로 세우고, 모세와 여호수아가 하나님의 명령을 받기 위하여 회막에 선다. "회막"은 하나님과 하나님의 백성이 만나는 곳을 말한다. "장막" 혹은 성막은 거룩한 장소를 뜻한다. 그리고 때로 "증거막"이라고도 하는데 이것은 하나님이 하시는 일들을 증거하는 곳으로 생각하기 때문이다.

31:16-18. 하나님은 모세에게 너는 죽은 후 "네 조상과 함께 누우려니와 이 백성은 그 땅으로 들어가 음란히 그 땅의 이방 신들을 따르며… 나를 버리고 내가 그들과 맺은 언약을 어길 것이라"(16절)고 말씀해 주신다. 그 때 내가 진노하여 그들이 패망당할 때 "우리 하나님이 우리 가운데에 계시지 않은 까닭이 아니냐"(17절)라고 할 것이다.

31:19-20. 하나님은 모세에게 노래를 써서 이스라엘 자손들에게 가르쳐 이 노래로 나를 위하여 이스라엘 자손들에게 증거가 되게 하라고 말씀하신다.

31:21-23. 모세가 쓴 이 노래는 하나님은 신실하시고 백성은 하나님께 충성을 다하지 못했다는 내용이다. 이스라엘이 부를 노래는 하나님께서 약속해 주신 젖과 꿀이 흐르는 땅으로 인도 받은 백성이 우상을 섬김으로써 수많은 재난과 환난을 당하게 되었다는 증거로 사용될 것이라고 한다.

31:24-30. 모세가 이 율법의 말씀을 다 책에 쓴 후에 레위에게 명하여 하나님 여호와의 언약궤 곁에 두어 너희에게 증거가 되게 하라고 명한다. (후에 언약궤 안에 십계명 돌판과 아론의 지팡이와 만나가 들어간다.)

이스라엘의 미래는 그들의 반역과 목이 곧은 것으로 인하여 재앙을 당하게 되리라고 말한다.

신명기 31:30-32:47
모세의 노래

──▶ 말씀 속으로 ◀──

　모세의 노래는 네 부분으로 나뉘어져 있다. 하나님의 속성 (1-4절), 만나시고 호위하시며 보호하시며 자기의 눈동자 같이 지키시는 하나님 (5-14절), 하나님의 신실하심 (15-25절), 원수를 멸하시는 하나님 (26-47절).

　32:1-4. 모세는 하나님은 "반석이시니 그가 하신 일이 완전하고 그의 모든 길이 정의롭고 진실하고 거짓이 없으신 하나님이시니 공의로우시고 바르시도다"(4절)라고 하나님의 속성을 증거하면서 이스라엘 백성은 "내 입의 말을 들을지어다"라고 선포한다. 즉, 모세의 노래는 반역한 이스라엘 백성에게 초점을 두는 것이 아니라 언제나 신실하신 하나님의 위대하심에 초점을 두고 있다.

　32:5-25. 비록 이스라엘 백성은 여호와를 향하여 하나님의 자녀가 아닌 것처럼 악을 행하고, 흠이 있고, 삐뚤어져 있지만, 하나님은 그들을 만나 주시고, 호위하여 주시며, 보호하여 주시며, 자기의 눈동자 같이 지켜 주신다. 마치 독수리가 그의 날개를 펴서 새끼를 보호하듯 하나님께서 그의 백성을 보호해 주신다.

　하나님은 젖과 꿀이 흐르는 땅에서 추수할 풍성한 곡식과 포도와 가축을 약속해 주셨지만, 여수룬은 하나님의 자비를 발로 차버렸고, 자기를 구원하신 반석을 업신여겼다. 그들은 하나님께 제사하지 아니하고 귀신들에게 하였다. 그래서 하나님은 이스라엘 백성이 우상을 섬기며 하나님께 불순종할 때 백성을 심판하겠다고 하신다. 하나님은 "재앙을 그들 위에 쌓으며 내 화살이 다할 때까지 그들을 쏘리"라고 하신다. "그들이 주리므로 쇠약하며 불 같은 더위와 독한 질병에 삼켜질 것이라 내가 들짐승의 이와 티끌에 기는 것의 독을 그들에게 보내리로다 밖으로는 칼에, 방 안에서는 놀람에 멸망하리니 젊은 남자도 처녀도 백발 노인과 함께 젖 먹는 아이까지 그러하리로다 내가 그들을 흩어서 사람들 사이에서 그들에 대한 기억이 끊어지게 하리라"(23-26절)고 말씀하신다.

32:26-47. 이스라엘 백성이 우상을 섬김으로써 하나님을 진노하게 한 이유로 하나님께서는 그의 백성을 파멸시키겠다고 위협하셨지만 마음을 바꾸셨다. "원수들이 자랑하는 것을 내가 차마 볼 수 없기 때문이다. 나 주가 내 백성을 징벌한 것인데도, 원수들은 마치 저희의 힘으로 내 백성을 패배시킨 것처럼 자랑할 터이니 그 꼴이 보기 싫어서 내가 내 백성을 전멸시키지는 않았다" (27절, 새번역). 하나님은 자비의 하나님이시요, 반석이신 하나님이시기 때문이다. 즉, 이스라엘 백성에게 무엇이 일어나든 그것들은 모두 하나님의 손길 아래에서 좌우된다는 뜻이다.

32:31-35. 우상들이 실족할 그 때에 내가 보복하리라 그들의 환난날이 가까우니 그들에게 닥칠 그 일이 속히 오리로다. 하나님은 우주를 지배하시는 하나님이시다.

32:36-47. 여호와는 자기 백성을 판단하시고 그 종들을 불쌍히 여기실 것이다. 여호와는 "죽이기도 하며 살리기도 하여 상하게도 하며 낫게도 하나니 내 손에서 능히 빼앗을 자가 없"는 분이시다. 하나님은 그의 백성을 구원하여 주실 것이다.

32:40-43. 내 손이 정의를 붙들고 내 대적들에게 복수하며 나를 미워하는 자들에게 보응할 것이다.

32:44-47. 모세는 "내가 오늘 너희에게 증언한 모든 말을 너희의 마음에 두고 너희의 자녀에게 명령하여 이 율법의 모든 말씀을 지켜 행하게 하라"고 말한다. 이는 너희에게 헛된 일이 아니라 너희의 생명이니 이 일로 말미암아 너희가 요단을 건너가 차지할 그 땅에서 너희의 날이 장구하게 될 것이다. "눈의 아들 호세아"는 여호수아이다.

신명기 32:48-52
모세가 느보 산으로 올라가다

━▶말씀 속으로◀━

모세가 "이 모든 말씀을" 끝마치는 날 하나님은 모세에게 여리고 맞은편 모압 땅에 있는 아바림 산(요단 동편에 있는 비스가 산)에 올라가 느보 산에 이르러 내가 이스라엘 자손에게 기업으로 주는 가나안 땅을 바라보라고 말씀하신다.

신명기는 모세가 약속의 땅에 들어가지 못하는 이유가 두 가지 때문이라고 말한다.

(1) 신 광야 가데스의 므리바 물 가에서 이스라엘 백성의 불순종을 설득시키지 못했기 때문이다. 가데스의 므리바 사건은 구약에서 이스라엘 백성이 하나님을 향하여 반항한 사건을 상징하는 내용으로 사용된다 (민 20:20). 언약을 중개한 지도자로서 이러한 일은 있을 수 없는 일이다.

(2) 이스라엘 백성의 목전에서 하나님의 거룩함을 나타내지 못했기 때문이다 (민수기 20:10-15를 참조). 하나님의 거룩함을 나타내지 못했다 함은 하나님의 절대주권을 백성에게 증거해 주지 못했다는 뜻이다.

모세는 한때 가데스 바네아에서 "우리에게 우리 날 계수함을 가르치사 지혜로운 마음을 얻게 하소서"(시 90:12)라고 기도한 적이 있었다. 모세는 지금 느보 산에서 그의 날을 계수하고 있다.

━▶생활 속으로

☼ 지금 나에게 우상처럼 되어 있는 것은 무엇일까? 하나님께서 그것을 버리라고 하면 나의 응답은 어떻게 나타날까?
☼ 내가 죽는 날 자식에게 꼭 말해 주고 싶은 것은 무슨 내용일까?

신명기 33:1 – 34:12
이스라엘 백성이 할 일

신명기 33:1-29
모세의 축복

➡말씀 속으로⬅

33:1-5. "하나님의 사람 모세가 죽기 전에 이스라엘 자손을 위하여 축복함이 이러하니라" (1절).

모세는 그가 죽기 전에 그가 지금까지 이끌어 온 이스라엘 백성을 위하여 하나님의 축복을 간구한다. 여기에 기록된 축복들은 모두 지파의 특징과 관련된 축복이며, 미래에 일어날 것들을 기반으로 하여 내려진 축복이다. 그래서 "원하나이다" 또는 "원하건대" "있게 하시리로다" 식으로 축복을 위한 기도로 표현된다.

시므온 지파를 제외하고 오직 열한 지파만 언급하는 것이 특징이다. 시므온은 유다 지파에 흡수되었기 때문이었다.

"여수룬"(뜻: 옳은 자)은 이스라엘의 다른 이름이다. 이스라엘의 옳은 행위는 어른들이 모여오고 모든 지파가 함께 할 수 있도록 영향을 미치게 할 것이다.

33:6. 르우벤과 유다와 레위는 레아의 자녀들이다. 르우벤은 야곱의 장자인데 죽지 아니하고 살기를 원한다. 르우벤은 야곱의 첩 빌라와 간음함으로써 이러한 축복의 대상에서 제외될 뻔했기 때문이다 (창 49:3-4). 후에 르우벤은 이름만 남을 정도로 약한 지파가 되었다.

33:7. 유다는 주께서 도우사 그가 그 대적을 치게 하시기를 기도한다. 유다는 남왕국을 통치했다.

33:8-11. 레위는 주의 법도와 주의 율법을 이스라엘에게 가르치며 주 앞에 분향하고 온전한 번제를 주의 제단 위에 드리도록 기도한다.

"둠밈과 우림"은 어떤 사실을 결정하게 될 때, 하나님의 뜻을 알기 위해 사용된 도구이다.

33:12-17. 베냐민과 요셉은 라헬의 자녀들이다. 베냐민은 야곱의 막내아들이었다 (창 35:16-18). 베냐민은 여호와께서 그를 날이 마치도록 보호하시고 그를 자기 어깨 사이에 있게 하시기를 기도한다. 이것은 안전을 뜻하는 표현이다.

33:17. 에브라임과 므낫세는 요셉의 자녀들이다. 모세는 요셉의 군대가 강해지기를 축복한다. 요셉은 지파가 아니지만 에브라임의 자손은 인구가 많이 늘어나기를 기도하고, 므낫세의 자손은 풍성한 땅을 차지하게 되기를 위하여 총괄해서 기도한다.

33:18-19. 스불론과 잇사갈은 레아의 자녀들이다. 그들은 산에 이르게 하고 거기서 의로운 제사를 드릴 것이며 바다의 풍부한 것(해상 무역)과 모래에 감추어진 보배를 흡수하기를 기도한다. 이들은 시돈과 두로 지역에 정착했다.

33:20-21. 갓은 실바의 자녀이다. 백성의 수령들과 함께 와서 여호와의 공의와 이스라엘과 세우신 법도를 행하기를 기도한다. 갓은 요단 동쪽에 정착했다.

33:22-23. 단과 납달리는 빌하의 자녀들이다. 단은 바산에서 뛰어나오는 사자의 새끼가 되기를 기도한다.

납달리는 서쪽과 남쪽을 차지하기를 기도한다.

33:24-29. 아셀은 실바의 자녀이다. 아셀은 아들들 중에 더 복을 받으며 그의 형제에게 기쁨이 되며 그의 발이 기름에 잠기기를 기도한다. 곡식과 포도주가 가득하기를 간구하며, 평화를 누리기를 간구하며, 야곱의 자손이 평화를 누리며 살기를 간구한다.

➡ **생활 속으로**

☼ 나는 어떤 종류의 축복을 하나님께 간구하고 있는가?

신명기 34:1-12
모세의 승리와 죽음

━▶말씀 속으로◀━

34:1 모세가 모압 평지에서 느보 산에 올라가 여리고 맞은편 비스가 산꼭대기에 이르매 여호와께서 길르앗 온 땅을 단까지 보이시고 2 또 온 납달리와 에브라임과 므낫세의 땅과 서해까지의 유다 온 땅과 3 네겝과 종려나무의 성읍 여리고 골짜기 평지를 소알까지 보이시고 4 여호와께서 그에게 이르시되 이는 내가 아브라함과 이삭과 야곱에게 맹세하여 그의 후손에게 주리라 한 땅이라 내가 네 눈으로 보게 하였거니와 너는 그리로 건너가지 못하리라 하시매 5 이에 여호와의 종 모세가 여호와의 말씀대로 모압 땅에서 죽어 6 벳브올 맞은편 모압 땅에 있는 골짜기에 장사되었고 오늘까지 그의 묻힌 곳을 아는 자가 없느니라 7 모세가 죽을 때 나이 백이십 세였으나 그의 눈이 흐리지 아니하였고 기력이 쇠하지 아니하였더라 8 이스라엘 자손이 모압 평지에서 모세를 위하여 애곡하는 기간이 끝나도록 모세를 위하여 삼십 일을 애곡하니라 9 모세가 눈의 아들 여호수아에게 안수하였으므로 그에게 지혜의 영이 충만하니 이스라엘 자손이 여호와께서 모세에게 명령하신 대로 여호수아의 말을 순종하였더라 10 그 후에는 이스라엘에 모세와 같은 선지자가 일어나지 못하였나니 모세는 여호와께서 대면하여 아시던 자요 11 여호와께서 그를 애굽 땅에 보내사 바로와 그의 모든 신하와 그의 온 땅에 모든 이적과 기사와 12 모든 큰 권능과 위엄을 행하게 하시매 온 이스라엘의 목전에서 그것을 행한 자이더라.

32:48-52에서 하나님은 모세에게 느보 산(비스가/아바림 산)에 올라가 하나님께서 이스라엘 자손에게 주시는 젖과 꿀이 흐르는 가나안 땅을 바라보라고 말씀하셨다.

34:1-4. 느보 산에서 모세는 길르앗 온 땅, 단, 납달리와 에브라임과 므낫세의 땅, 유다 온 땅, 네겝과 여리고, 소알까지 내려다 보고 모세는 모압 땅에서 나이 120세에 죽는다.

34:5-7. 모세는 죽은 후, 벳브올 맞은편 모압 땅에 있는 골짜기에 장사되었고, 오늘까지 그의 묻힌 곳을 아는 자가

없다 (6절). 모세를 예배하고 우상으로 추대하지 못하게 하는 표현이다.

파란만장하고 영화를 보는 듯한 모세는 출생부터 40년 동안 애굽에서 활동하였고, 40년 동안 미디안 광야에서 목자로서 활동하였고, 40년 동안은 이스라엘의 지도자와 예언자와 제사장으로서 활동하였다. 그렇지만 모세는 군대 지휘관으로도 활동한 사람이었다. 모세가 죽을 때 그의 나이가 120세였으나 "그의 눈이 흐리지 아니하였고 기력이 쇠하지 아니하였더라"고 신명기는 말한다. 가나안 땅에 들어갈 수 있는 기력이 있으나 하나님께서 들어가지 못하게 하셨기에 들어가지 못한 것을 강조하여 말하는 것이다.

34:8-12. 모세는 하나님께 헌신을 다하며 하나님을 경외하였고, 이스라엘 백성을 위하여 그의 말년을 전적으로 희생한 신실한 지도자였다. 그러나 그가 그렇게도 그리워하던 약속의 땅에 들어가지 못했을 뿐만 아니라 그의 죽음을 막지도 못했다. 하나님의 신실한 종들도 하나님이 부르시면 가야 한다.

또한 모세의 위대함은 그의 후계자로 여호수아를 세울 수 있었다는 데에 있다. 그러나 여호수아는 그의 후계자를 세우지 못해 사사시대에 혼란을 맞이하게 된다.

34:10. 모세가 죽은 이후 이스라엘에는 모세와 같은 선지자가 다시 나오지 못했다.

▶생활 속으로

☼ 신명기를 공부한 후 느낀 점들을 서로 나누어 보자.
☼ 신명기가 성경에 포함되어 있지 아니하였다면 우리는 무엇을 영원히 깨닫지 못하게 되었을까?
☼ 구약의 역사서와 예언서들은 왜 신명기를 선호하게 되었다고 생각하는가?
☼ 모세가 소유한 지도력의 자질은 무엇이었는가?

▶저자 소개◀

말씀과 생활 강해 성경공부 시리즈 가운데 **신명기**를 집필한 **원달준** 목사는 서울 감리교신학대학교, 연세대학교 연합신학대학원, 오하이오 감리교신학교, 드류대학교 대학원에서 성서신학을 전공하였다.

저자는 미연합감리교회 동부오하이오연회에서 목사 안수를 받은 후 40년 동안 사역하였으며, 평신도들에게 50년 이상 성경을 가르친 경험이 있다. 그는 25년 동안 테네시 주 내쉬빌에 있는 미연합감리교회출판부에서 교단을 위하여 출판 사역을 하다가 2009년에 은퇴하였다.